基于多源数据的品牌价值评价方法研究

■ 段琦 吴芳 刘碧松 康键 著

RESEARCH ON BRAND EVALUATION METHOD
BASED ON MULTI-SOURCE DATA

首都经济贸易大学出版社
Capital University of Economics and Business Press
·北京·

图书在版编目（CIP）数据

基于多源数据的品牌价值评价方法研究/段琦等著.
--北京：首都经济贸易大学出版社，2022.11
　ISBN 978-7-5638-3423-5

　Ⅰ.①基… Ⅱ.①段… Ⅲ.①品牌—企业管理—研究—中国 Ⅳ.①F273.2

中国版本图书馆 CIP 数据核字（2022）第 173550 号

基于多源数据的品牌价值评价方法研究
JIYU DUOYUAN SHUJU DE PINPAI JIAZHI PINGJIA FANGFA YANJIU
段　琦　吴　芳　刘碧松　康　键　著

责任编辑	杨丹璇
封面设计	风得信·阿东 FondesyDesign
出版发行	首都经济贸易大学出版社
地　　址	北京市朝阳区红庙（邮编100026）
电　　话	（010）65976483　65065761　65071505（传真）
网　　址	http://www.sjmcb.com
E－mail	publish@cueb.edu.cn
经　　销	全国新华书店
照　　排	北京砚祥志远激光照排技术有限公司
印　　刷	北京建宏印刷有限公司
成品尺寸	170毫米×240毫米　1/16
字　　数	99千字
印　　张	10.5
版　　次	2022年11月第1版　2022年11月第1次印刷
书　　号	ISBN 978-7-5638-3423-5
定　　价	42.00元

图书印装若有质量问题，本社负责调换
版权所有　侵权必究

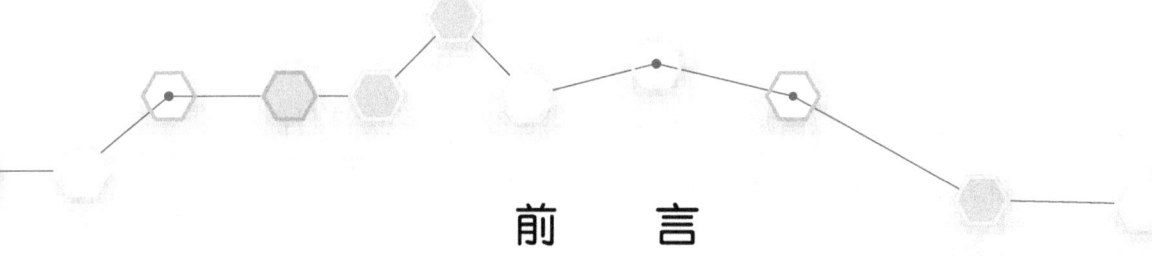

前　言

在经济全球化的时代，品牌已经成为全球经济和科技竞争的热点之一。品牌价值的高低决定不同国家在全球产业价值链中的地位，一个国家品牌价值越高，其对价值链的主导力越强。因此，提升本国品牌的竞争力已成为国际经济竞争的焦点之一，尤其是对品牌定价权的争夺日趋激烈，其主要手段是对品牌进行价值评估，这已成为国际潮流和趋势。我国在品牌价值评价方面的理论与实践研究整体起步较晚，现有的以西方为主导的品牌评价方法和技术大多立足于发达国家，评价对象为销售范围覆盖海外市场的国际品牌，不适用于我国处于成长期、以国内为主要销售市场的品牌，导致我国品牌难以在国际主流评价榜单上现身，在跨国品牌收购兼并时处于不利地位。可喜的是，品牌价值评价国际标准（ISO 20671）得到发布与实施，加之我国承担了国际标准化组织品牌评价技术委员会秘书处的工作，这些都为我国参与制定国际规则、实现发展和赶超发达国家提供了难得的机遇。

基于此，本书依托当前品牌价值评价工作实践，以提高我国品牌评价技术水平为目标，结合当前品牌价值评价工作中表现出的问题，以国际主流方法为借鉴，研究第三方品牌价值评价方法，为我国品牌价值评价工作的可持续发展及自主品牌建设的深入开展提供理论依据及技术支撑。围绕第三方品牌价值评价，特别是评价指标选取、数据采集实现以及具体测算方法，本书主要做了以下工作：

第一，通过对现行第三方评价技术中所采用的指标进行汇总和归类，并对我国现行的品牌评价国家标准涉及的评价指标的可独立获取性进行评估，确定了第三方评价指标的选取原则、范围，并与现行国家标准进行了对接，引入 K-means 算法将第三方评价指标划分为核心层和拓展层，对各层级内的指标进行了信效度检验。

第二，在对现行国家标准中指标数据进行可独立获取性研究的同时，对指标数据的获取渠道进行了统计及分析，在第三方评价指标基本明确的前提下，形成了"企业自身数据与第三方机构数据相结合"的数据采集总体方案，针对数据缺失问题设计了相应的缺失值处理方法以及多源数据的同质性处理方案。

第三，《品牌评价 多周期超额收益法》（GB/T 29188）中并未规定具体的权重测算方法。在实际的品牌价值评价时，评价指标的权重作为推荐性附录资料，由专家赋值法确定。本书在品牌强度计算时，实现了如下两方面的改进：首先，在评价指标不变的情况下，通过引入变异系数替代专家赋值法来确定指标权重，并借用相对偏差矩阵的概念计算品牌正向偏差值，实现了品牌在各项指标之间、在行业内排名地位的横纵向比较；其次，用第三方评价指标取代原有的申报评价指标，实现了品牌强度系数测算所需数据的独立获取，打破了评价工作过分依赖企业申报行为的僵局。此外，由于多周期超额收益法在企业亏损时无法计算品牌价值，本书构建了第三方测算模型，利用市值对品牌价值描绘出了预测曲线，实现了企业亏损时品牌价值的计算。

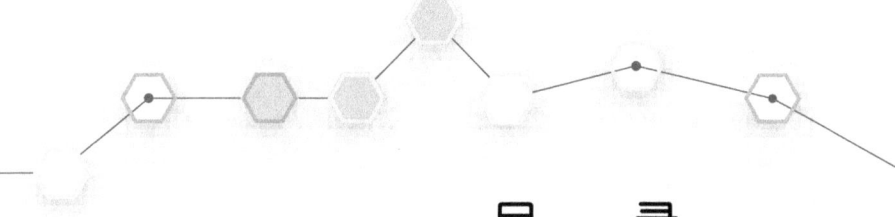

目 录

1 课题研究的背景 …………………………………………… 1

2 品牌价值评价技术发展现状 ……………………………… 5

  2.1 品牌价值 ……………………………………………… 5

    2.1.1 品牌及其产生 …………………………………… 5

    2.1.2 品牌价值与品牌资产 …………………………… 9

    2.1.3 品牌价值评价 …………………………………… 12

  2.2 品牌评价技术方法研究 ……………………………… 14

    2.2.1 财务、市场视角 ………………………………… 16

    2.2.2 利益相关者视角 ………………………………… 21

  2.3 相关标准发展 ………………………………………… 26

    2.3.1 国际标准 ………………………………………… 26

  2.3.2 其他国家、地区及组织对该领域内相关标准的研制 …………………………… 27
  2.3.3 国内标准 ………………………………… 28
  2.3.4 国内外品牌评价相关标准的比较 ………… 30
 2.4 评价数据的获取与应用 ……………………………… 31
  2.4.1 数据获取现状 …………………………… 31
  2.4.2 多源数据技术的应用 …………………… 32
 2.5 本章小结 ……………………………………………… 33
 2.6 本书的主要研究内容 ………………………………… 35

3 第三方品牌评价指标体系构建 …………………………… 38

 3.1 现行技术中采用指标的汇总及归类 ……………… 38
  3.1.1 Brand Finance 采用的评价指标 ………… 39
  3.1.2 Interbrand 法中所涉及的评价指标 ……… 40
  3.1.3 WBL 所采用的品牌价值评价指标 ……… 41
  3.1.4 小结 ……………………………………… 43
 3.2 现行国家标准中各指标的可独立获取性研究 ……………………………………………… 43
  3.2.1 多周期超额收益法 ……………………… 43
  3.2.2 行业应用指南中评价指标的可独立获取性研究 …………………………………… 47

3.2.3 小结 …………………………………… 76

3.3 基于多种途径的数据采集方案研究 …………… 78

　　　3.3.1 总体方案设计 …………………………… 78

　　　3.3.2 多源数据的处理 ………………………… 79

3.4 第三方品牌价值评价指标体系的构建 ………… 80

　　　3.4.1 评价指标的选取原则 …………………… 80

　　　3.4.2 评价指标的构成研究 …………………… 81

　　　3.4.3 评价指标与现行国家标准的对接 ……… 91

　　　3.4.4 评价指标的聚类整合 …………………… 97

　　　3.4.5 评价指标的信效度分析 ………………… 103

　　　3.4.6 评价指标的权重体系研究 ……………… 105

3.5 第三方品牌价值评价数据采集方案 …………… 108

4 第三方品牌价值测算方法研究 …………………… 110

4.1 各测算方法对我国评价工作的适用性研究 …… 110

　　　4.1.1 收入法 …………………………………… 111

　　　4.1.2 成本法 …………………………………… 115

　　　4.1.3 市场法 …………………………………… 118

　　　4.1.4 小结 ……………………………………… 119

4.2 品牌强度值的计算 ……………………………… 121

　　　4.2.1 相对偏差矩阵 …………………………… 121

  4.2.2 确定各指标的相对偏差 …………… 121
4.3 对多周期超额收益法的探索式改进 …………… 123
  4.3.1 对原有指标体系下计算品牌强度方法的改进 …………… 124
  4.3.2 运用第三方评价指标对品牌强度的计算 …………… 130
4.4 第三方测算模型及方法的开发 …………… 132
  4.4.1 理论模型推演 …………… 132
  4.4.2 模型检验 …………… 135

5 总结及展望 …………… 139
5.1 研究结论 …………… 139
5.2 对我国品牌价值评价工作的建议 …………… 141
5.3 研究展望 …………… 143

参考文献 …………… 145

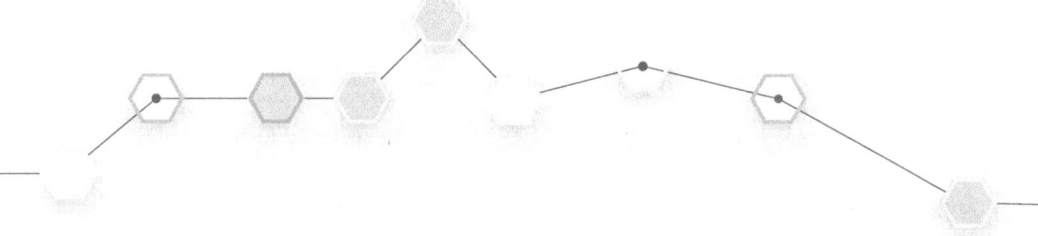

1 课题研究的背景

在经济全球化的时代，品牌已经成为全球经济和科技竞争的热点之一。品牌价值的高低决定着不同国家在全球产业价值链中的地位，一个国家的品牌价值越高，其对价值链的主导力越强。因此，提升本国品牌的竞争力已成为国际经济竞争的焦点之一，尤其是对品牌定价权的争夺日趋激烈，其主要手段是对品牌进行价值评估，这已成为国际潮流和趋势。

我国在品牌价值评价方面的理论与实践研究整体起步较晚，现有的以西方为主导的品牌评价方法和技术大多立足于发达国家，评价对象为销售范围覆盖海外市场的国际品牌，不适用于我国处于成长期、以国内为主要销售市场的品牌，导致我国品牌难以在国际主流评价榜单上现身，在跨国品牌收购兼并时处于不利地位。可喜的是，品牌价值评价国际标准（ISO

20671）得到发布与实施，加之我国承担了国际标准化组织品牌评价技术委员会秘书处的工作，这些都为我国参与制定国际规则、实现发展和赶超发达国家提供了难得的机遇。

基于此，依托当前品牌价值评价工作实践，以提高我国品牌评价技术水平为目标，结合当前品牌价值评价工作中的问题，以国际主流方法为借鉴，研究第三方品牌价值评价方法，为我国品牌价值评价工作的可持续发展及自主品牌建设的深入开展提供理论依据及技术支撑。研究第三方品牌价值评价方法的意义主要体现在以下方面：

第一，品牌评价技术研究顺应我国品牌战略的迫切要求。

党的十八大报告指出，"要形成以技术、品牌、质量、服务为核心的出口竞争新优势"，并适时确立了"将推动经济发展的立足点转到提高质量和效益上来"的发展战略。习近平总书记关于"三个转变"的重要论述，正是对这一战略的深入阐述和具体拓展。国务院印发的《加快发展生产性服务业 促进产业结构调整升级的指导意见》（国发〔2014〕26号）中明确要求"积极创建知名品牌，增强独特文化特征，以品牌引领消费，带动生产制造，推动形成具有中国特色的品牌价值评价机制"。将品牌战略上升至国家战略的高度，不仅说明自主品牌建设已成为我国产业结构调整和经济转型升级的迫切任务，更凸显了我国深入参与国际竞争、提升我国在全球产业价值链中地位的决心和意志。

品牌战略的实施离不开对品牌价值的判断。品牌价值评价反映了代表市场意志的品牌评价者所关注的品牌价值走向，为品牌建设者提供发展思路，在一定程度上会影响到品牌战略的具体实施方向。因此，想要知道采用哪种评价技术和方法所得的结论更客观、更合理，更能为品牌建设者提供有价值的参考意见，就需要对品牌评价技术进行研究。这是对我国品牌战略发展需要的必然顺应。

第二，第三方品牌价值评价是我国品牌建设工作可持续开展的唯一助力。

目前我国品牌评价工作中数据获取主要采用企业申报模式，难以保证企业的参与度与数据的真实性，进而导致评价结果和价值排行榜的社会公信力不高。与国际主流评价机构采用的第三方评价模式相比，我国现有的申报模式过于依赖企业，评价结果缺乏客观性、灵活性及应用度。开展第三方品牌价值评价方法研究是现阶段推进我国品牌评价服务工作可持续发展的唯一举措。第三方品牌价值评价方法面世，一方面可完善我国各行业品牌价值排行榜单；另一方面也可为行业、企业等提供更为客观、详细及全面的咨询服务，以提高相关机构的品牌建设能力，推进我国品牌建设工作向纵深发展。

第三，第三方品牌价值评价研究是完善我国品牌价值评价体系的迫切要求。

2012—2021年，我国已开展了十年品牌价值评价工作，并形成了品牌评价标准体系。但是，在实际工作中，现有的评价模式和技术存在如下两种局限：首先，申报是主要的数据获取途径，造成评价结果受制于企业申报行为，依照现行国家标准开展第三方机构评价时，因指标数据不可独立获取而步履维艰；其次，仅有的多周期超额收益法无法在品牌净利润为负时测算具体价值，在使用范围上具有一定的限制，无法满足市场中日趋扩大的评价需求。因此，为了解决这些问题，亟须开发出一套第三方评价机构可从多数据渠道独立获取评价数据信息的评价方法，进而完善我国品牌价值评价的方法体系。

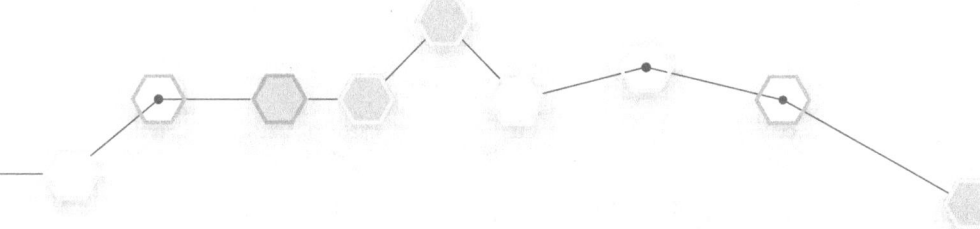

2　品牌价值评价技术发展现状

品牌价值的概念早已被营销领域的学者所广泛讨论，国外对于品牌价值测算的研究已有二十多年的历史，我国则从20世纪90年代才开始引入品牌价值这一概念。

2.1　品牌价值

2.1.1　品牌及其产生

品牌作为一种商业标识和现象的历史悠久，几乎可以追溯到最早的商业交换时代，古代的商号招牌以及一些标记都可以看作品牌的早期形态。

2.1.1.1 品牌的概念

"品牌"（brand）是营销学中的一个概念。它起源于西班牙的游牧民族，是烙印的意思，为了在交换时将自己与他人的牲畜相区别。人们对品牌进行研究始于1955年，自伯利·B.加德纳和西德尼丁·J.李维在《哈佛商业评论》上发表《产品与品牌》一文才正式开始。现代营销学之父菲利普·科特勒对品牌下的定义是"名称、术语、标记、符号、设计，或这些要素的组合"。

品牌还是一个集合的概念，可以将其细分为"品牌名称"（brand name）和"品牌标志"（brand mark）。其中，"品牌名称"是品牌中用语言、文字表现的那一部分，而"品牌标志"则是品牌中以图形、符号表现的部分，又称为品牌微标。微标是指那些造型单纯、意义明确的统一、标准的视觉符号，一般来说可以分为文字微标、图形微标和复合微标三种类型。比如，对于可口可乐这种饮料来说，可口可乐就是该饮料的品牌名称，可口可乐的标志就是其品牌微标，从分类上来看，可口可乐的品牌微标属于文字微标。

传统意义上的品牌指的就是商品或者产品的一种"牌子"，这也是当我们提到"品牌"这个词的时候最先跳入我们脑海的。然而，随着"品牌"的概念越来越多地被其他领域的学者所借用，比如政治学领域中形成的"国家品牌"概念，品牌的内涵就被扩大了。因此，广义上的"品牌"不单单是商品或者产品所特有的，所有需要被宣传、被推广并进而要创造差异性的物品（无论有形还是无形）都可以拥有品牌。这种物品可以是一种商品、一个组织、一座城市或者一个国家，它不一定被用来交换，也不一定可以满足人类的某种需要而具有使用价值，它只有一个性质——需要得到推广和认可。

2.1.1.2 品牌产生的原因

企业为什么要做品牌？可以从以下角度进行解读。

（1）经济学角度

产生"品牌"的根本原因之一在于市场交易双方之间存在信息不对称。信息不对称导致市场运行的低效率，使得市场中的生产者不得不采取一些独特的方式提高市场的效率，而其中一个方法就是通过塑造良好的企业品牌来参与市场竞争，这是市场竞争中的一种非价格手段，也是使整个市场有效运行的一种必要工具。当然企业在对产品进行营销和构建品牌时会产生费用，这些费用最终也会分配到每一个消费者的身上。但是如果企业不发生这些行为，消费者在进行消费时的选择成本会更高。选择成本是交易费用的一部分，指当消费者花费了一定的人力、物力，搜寻到相关的信息，建立起备选集之后，做出择优决策这一过程中所发生的成本。而企业大规模进行营销活动和品牌推广行为实质上就是要简化消费者的选择行为。虽然企业的这些行为会导致交易费用增加,但是相比于选择成本的降低,增加的部分要比减少的部分小得多,可见这种行为对企业与消费者都是有利的。从整体来看,品牌的产生会导致交易费用的降低。

(2) 市场营销角度

在商品经济不发达的时候,企业主要想用某种印迹或者标识来区分产品。因此,可以说品牌是用来表明生产者的一个独特的标记,用以提高消费者的认知度和熟悉程度。而当生产力发展到一定水平、商品的种类和数量都极大地增加、市场竞争也愈发激烈的时候,品牌代表了企业在产品质量、性能等方面的承诺,是消费者区别并选择产品的一个手段。而顾客一旦对品牌产生了信任感,就有可能做出购买决策,哪怕此时价格高于竞争对手。

随着社会经济进一步发展,品牌的作用又有了三个大的变化:一是从消费者角度看,品牌已经不仅仅起着区分生产者的作用,而是更多地蕴含某种价值取向、情感追求或者成为某种品位的代表;二是从品牌的拥有者角度看,产品品牌能形成溢价,成为企业可变现的资产;三是企业能借助品牌实现迅速扩张。美国营销学者菲利普·科特勒的观点是:品牌能增进客户信任、提高信息效率、减少购买风险,最终可以为企业提高市场业绩,增加利润。

2.1.2 品牌价值与品牌资产

2.1.2.1 相关概念

得克萨斯大学的斯里瓦斯塔瓦（Srivastava）和肖克（Schocker）认为，品牌价值是品牌的所有者通过战术和战略行为来使用品牌强度以提供出众的当前及未来利润和降低风险的能力。对于消费者来说，品牌价值指消费者的品牌知识导致的对品牌营销的差别化反应。可以说，品牌价值是品牌给产品所带来的增值的部分，它依附在产品上，表现为品牌无形资产的高低，也可看作"品牌资产"的价值。从企业的角度来说，品牌价值（经济学角度）是品牌给企业未来带来的额外的收益，是品牌作为一种无形资产的价值；品牌价值是由企业与消费者二者共同作用产生的，它是企业营销活动的产物，它的实质是消费者对品牌的认同。

与品牌价值相关的另一个概念是品牌强度，指品牌的顾客、渠道成员、母公司对于品牌的联想和行为，以及可使品牌享有持久的、差别化的优势。斯里瓦斯塔瓦和肖克认为，品牌价值与品牌强度共同组成了品牌资产，但是更多的学者们对品牌资产并不做这样的区分，他们普遍认为品牌价值就是品牌资产货币的表现形式，也就是品牌资产的价值。

品牌资产（brand asset，财务会计角度）也称品牌权益

（brand equity，市场学角度），是指只有品牌才能产生的市场效益或者产品在有品牌时与无品牌时的市场效益之差。作为品牌的名字与象征相联系的资产（或负债）的集合，品牌资产能够使通过产品或服务所提供给顾客（用户）的价值增加（或减少）。

2.1.2.2 品牌价值的构成

根据视角的不同，品牌价值的构成也不同。美国学者阿克（Aaker）认为，品牌价值可以分为五个方面——品牌忠诚、品牌认知、感知质量、品牌联想、其他专有资产，这些资产提供给企业多种利益和价值。

（1）品牌忠诚

品牌忠诚是消费者在购买决策中多次表现出来的对某个品牌有偏向性的（而非随意的）行为反应，也是消费者对某种品牌的心理决策和评估过程。它有五个级别：无品牌忠诚者、习惯购买者、满意购买者、情感购买者和承诺购买者。

（2）品牌认知

品牌认知指消费者对一个品牌的记忆程度，可分为无提及知名度、提及知名度、第一未提及知名度和第一提及知名度四个阶段。

（3）感知质量

感知质量指消费者对某一品牌产品在其品质上的整体印

象，是对其产品（服务）质量的认可程度。

(4) 品牌联想

品牌联想指透过品牌而产生的所有联想，是对产品特征、消费者利益、使用场合、产地等的人格化描述。这些联想往往能组合出一些意义，形成品牌形象，提供了消费者购买的理由和品牌延伸的依据。

(5) 其他专有资产

其他专有资产指品牌拥有的商标、专利等知识产权，也包括品牌制造者拥有的诸如客户资源、管理制度、企业文化、企业形象等能带来经济利益的资源。

2.1.2.3 品牌价值的特征

从品牌价值的定义来看，品牌价值具有如下特征：

第一，品牌价值是无形的，即品牌是一种无形的资产，可以按照无形资产评估的方法来对其进行评估。

第二，品牌价值的核心是被消费者所熟知的东西，即品牌的名称或标志。

第三，品牌价值会影响消费者的行为，包括购买行为、对营销活动的反应等。

第四，品牌价值并不依附于产品本身，而依附于消费者，它的实质是消费者对品牌的认同给企业带来的价值。

2.1.3 品牌价值评价

开展品牌价值评价是企业对品牌进行管理的一种有效途径。在企业进行维护、巩固品牌的全过程中,通过品牌价值评价,可以有效地监管和控制品牌与消费者之间的关系,从而形成并扩大品牌的竞争优势,使品牌保有持续竞争力。

2.1.3.1 品牌价值评价开展的意义

进行品牌价值评价的意义,可概括为以下三点:

从企业角度来说,可以为企业制定发展战略提供参考,有助于企业制定正确的战略决策,改善品牌形象,更好地进行品牌管理;可以满足企业间经济活动的需求,例如企业的并购、估值等活动都需要对品牌价值进行定量、客观的评价。

从消费者角度来说,品牌价值评价的结果可以作为消费者做出消费决策所需要的信息之一,为消费者理性消费提供参考。

从政府角度来说,品牌价值评价活动可以提升政府对品牌建设的重视程度,为地区的发展创造条件。

2.1.3.2 品牌价值评价机构

目前,世界上有很多专业从事品牌价值评价的机构,它们针对无形资产和品牌价值展开了详细的研究。这其中,Interbrand、Brand Finance、Future Brand、Young & Rubicam、World Brand Lab

(WBL)被称为为国际五大品牌价值评价机构。

(1) Interbrand

Interbrand 是国际品牌集团,成立于 1974 年,是全球最大的综合性品牌咨询公司,致力于为全球大型品牌客户提供全方位、一站式的品牌咨询服务。Interbrand 的客户群体覆盖《财富》中约 2/3 的"世界 100 强"公司。作为全球广告、营销和公司传播领域的领导先驱——宏盟集团(Omnicom Group)的成员企业,Interbrand 拥有覆盖全球的资源网络。

(2) Brand Finance

Brand Finance 是英国著名的品牌管理和品牌评估独立顾问公司,是国际五大品牌价值评价机构之一。该公司每年发布一次的"全球最有价值 500 强品牌"排行榜,采用的信息均来自公开渠道。这一排名因其专业性和独立性受到全球上市公司的广泛认可。

(3) Future Brand

Future Brand 是全球最大的传播集团——麦肯世界集团的子公司。麦肯世界集团成立于 1902 年,总部设在美国纽约,公司创立超过百年,是全球著名的跨国 4A 广告公司之一。

(4) Young & Rubicam

Young & Rubicam 的品牌资产评估者使用邮寄自填问卷的调查方式,每 3 年进行一次消费者调查,覆盖了 19 个国家的

450个全球性品牌及24个国家的8 000多个区域性品牌,从品牌差异性、相关性、尊重和认知四个维度衡量品牌价值。

(5) World Brand Lab

World Brand Lab（WBL）是一家奉行"独立公正"原则的权威品牌评审机构和国际化的品牌价值研究机构,由1999年诺贝尔经济学奖得主、"欧元之父"罗伯特·蒙代尔教授担任主席,是全球三大品牌价值评估机构之一。自2004年起每年发布"中国最具价值品牌500强"和"世界品牌500强"排行榜。

除此之外,还有隶属于世界最大传媒集团——WPP的英国品牌咨询公司BrandZ。该公司从消费者和市场两个方面积累了庞大的消费者访谈数据和多方市场数据,每年根据品牌经济价值、品牌盈利的贡献能力以及品牌未来增长的潜力等指标对品牌价值进行评价,测算公式为：品牌价值＝无形资产利润×品牌贡献×品牌倍数。BrandZ每年定期发布"全球最具价值品牌100强"排行榜,反映企业品牌的市场影响力。除"全球最具价值100强"排行榜之外,BrandZ还在中国、印度、印度尼西亚、沙特阿拉伯和拉美等国家和地区推出品牌榜。

2.2 品牌评价技术方法研究

从整体来看,发达国家重视品牌战略研究,并普遍结合本国行业、企业发展特点开展品牌评价技术研究，提出了一系列最大限度保护本国行业、企业利益的评价技术方法。俄罗斯、巴西、南非、印度等金砖国家也开始重视品牌评价工作，但尚未提出较为成熟的评价方法，在技术研究和应用推广方面也远远落后于发达国家。我国日益重视品牌评价研究，相关领域内学者也正积极开展品牌评价的相关研究，但尚未建立适合本国特色的评价技术和推广应用体系。表 2.1 是对各国品牌价值评价技术和方法的归类及总结。

表 2.1 各国品牌价值评价技术和方法统计表

序号	国家	评价技术及主要成果
1	美国	依托著名的大学、咨询公司或广告公司和杂志社开展品牌评价技术研究，重点关注品牌价值的消费者要素和财务要素，提出了大量的定量品牌评价模型
2	英国	注重品牌评价技术研究成果的市场转化和国际化应用推广，提出了 Interbrand、BrandZ 等国际上有影响力的评价技术方法
3	法国	品牌评价技术重点关注消费者认知、社会认同等因素，提出了品牌资产建设者模型（BEB）。法国通过树立"国家品牌"集体概念，发起"法国品牌"研究，建立了国家品牌评价应用推广体系
4	日本	注重质量和技术创新。日本经济产业省提出了基于品牌价值内涵的品牌评价模型——HIROSE 模型。此外日本一些知名公司认为品牌价值评价应从顾客面和企业面进行，融合会计和营销两种评价方法

续表

序号	国家	评价技术及主要成果
5	奥地利	确定了以企业价值评估为基础的品牌价值的测算模型和测算步骤
6	中国	国内对品牌价值的评价主要由资产评估公司和国内学者一起展开,二者基于不同的视角设计出了不同的评价指标体系,并采用不同的评价方法对品牌进行评价。2012年由国家质量监督检验检疫总局组织中国标准化研究院、中国资产评估协会等单位开发了品牌评价多周期超额收益法,这是我国第一个由政府牵头自主开发的一项品牌评价技术

由于对品牌价值及其影响因素的研究观点不同,表2.1中罗列的各种评价技术可以进一步从财务、市场以及利益相关者两个视角来进行阐述。

2.2.1 财务、市场视角

2.2.1.1 资产价值理论

品牌并购及市场价格战促使企业重视品牌的行为,催生了对品牌资产理论的研究。品牌资产就是以评估或市场交易为目的,将品牌带给企业的好处量化为品牌在财务上的货币价值。下面将品牌资产价值理论中较具代表性的观点予以介绍,如表2.2所示。

表 2.2 品牌资产价值理论的代表性观点汇总

学者	时间	代表观点
比尔（Biel）	1992年	品牌资产是一种超越生产、商品及所有有形资产以外的无形资产，其带来的好处是可以预期未来的进账远超过推出具有竞争力的其他品牌所需的扩充成本
厄普肖（Upshaw）	2001年	品牌的净值、财务状况及其他相关部分共同构成品牌价值，它包括两个部分，即品牌评价和品牌特征
阿克（Aaker）	2005年	品牌价值是一组品牌的资产和负债，它与品牌的名称、标志有关，可以增加或减少产品和服务的价值，也会影响企业的消费者和客户
赫顿（Hutton）	2005年	品牌资产在无形资产的构成体系中日益体现，并逐渐成为核心。企业、组织和商标既然可被出售标价，那么以品牌为代表的营销资产也必然存在价值，包括市场特许权、分销网络、市场占有率、与供应商的关系、与顾客的关系、技术基础等

2.2.1.2 品牌价值评价技术方法

纵观现阶段对品牌进行资产价值评价，大多基于财务、市场视角，以"品牌资产是品牌价值评价的基础"为理论基础。具体来说，是从企业融资的角度来量化品牌资产，即品牌价值反映为企业通过品牌所获取的经济利益。基于此，张等（Zhang et al）指出，市场份额、超额利润、品牌保护、市场特点、发展趋势及品牌的国际化能力都是品牌价值评价所必须包含的因素。因此，当使用某些品牌价值评价方法时，主要的难点在于将品牌资产从无形资产中剥离出来。只有将品牌资产创造的真正贡献剥离出来，品牌价值才能避免被高估。常见的、国际影响力较大的几种测算方法都从财务、品牌的市场力等角度对全球知名品牌进行评价，将品牌价值按照一定标准换算成货币价值予以排名公布。具体来讲，主要有以下7种方法。

(1) Interbrand 品牌评价法

Interbrand 品牌评价法由英国公司 Interbrand 提出，是目前国际上最有影响的品牌价值评价方法，其评价客体是产品品牌而不是企业品牌。该方法根据企业市场占有率、产品销售量以及利润状况，结合主观判断的品牌强度，估算确定品牌价值，实际上是一种改进的收益现值法，其核心是引入品牌强度因子的概念，以此作为品牌影响力的测度。

(2) "世界500强"排名

"世界500强"排名是美国三大商业杂志——《财富》、《福布斯》和《商业周刊》每年分别对全球大企业排名得出的产物。《财富》和《福布斯》的排行榜都叫"世界（国际）500强"；而《商业周刊》的榜单则包括1 000家企业。三大杂志的"世界500强"排名主要针对企业品牌，具体评价方法略有差异。《财富》以企业销售收入为依据排名，重视企业规模，凭借其半个世纪的悠久历史，具有最大的影响力。《福布斯》则综合考虑年销售额、利润、总资产和市值，客观性更强一些。《商业周刊》则以当年5月最后一个交易日全球各大股票交易市场的股票收市价为基准,计算出全球发达国家市场市值最高的 1 000 家上市公司。

(3)《金融世界》评价法

《金融世界》评价法由美国《金融世界》杂志开发,在借鉴 Interbrand 品牌评价法的基础上,对其进行一定程度的简化,其主要特点为将第三方估测数据作为评价依据。

(4) World Brand Lab 评估方法

World Brand Lab 近年来也连续发布"世界品牌 500 强"和"中国最具价值品牌 500 强"榜单。该评价主要依据三项指标:市场占有率(share of market)、品牌忠诚度(brand loyalty)和全球领导力(global leadership),通过对上述三个指标的市场分析加以评判,最终得到品牌的货币价值。

(5) Brand Finance 的折扣现金流法

Brand Finance 对折扣现金流法(discounted cash flow)进行改进,建立了一种动态的品牌评价方法。其基本假设是品牌价值评价必须建立在对未来精准的预测基础之上,计算较为复杂,包含财会预测、品牌附加值分析、未来收入风险分析、品牌评价和敏感性分析四个模块,并由此整合为品牌的货币价值。

(6) 中国最有价值品牌评价

中国最有价值品牌评价是北京名牌资产评估有限公司参照

Interbrand 的评价体系，结合中国的实际情况建立起的中国品牌价值评估方法，其评价对象主要是中国的企业品牌。这一评价体系所考虑的主要因素有品牌的市场占有能力（M）、品牌的超值创利能力（S）和品牌的发展潜力（D）。其中，M 的代表指标是产品的销售收入；S 是指超过同行业平均创利水平的能力，其代表指标是营业利润和销售利润率；D 的代表指标主要包括商标国内外注册状况、使用时间和历史、产品出口情况、广告投入情况等。该评价方法对以上三部分指标均设置行业调整系数，该系数通常利用 3 至 5 年的数据，采用移动平均法计算而得。

（7）中国官方品牌价值评价

中国官方品牌价值评价由国家市场监督管理总局下发通知开展品牌价值评价工作，并委托中国品牌建设促进会，组织有关专家和技术机构开展评价测算。评价方法依据《品牌评价 品牌价值评价要求》（GB/T 29187—2012），采用我国自主开发的《品牌评价 多周期超额收益法》（GB/T 29188—2012）以及品牌评价相关行业应用指南等有关国家标准，对企业申报的材料数据进行独立评价打分并最终得出品牌强度系数和品牌价值。

2.2.2 利益相关者视角

2.2.2.1 利益相关者价值理论

20世纪80年代后,随着服务业和信息科技的发展,人们的关注点从产生利润向创造价值转变,同时品牌概念也从顾客单一受体扩展到了利益相关者群体。邓肯(Duncan)认为,利益相关者的支持可以左右公司的收入和成本支出的多寡,决定了他们与品牌的关系以及他们对公司及品牌的看法。舒尔茨(Schultz)认为,品牌曾经被认为仅仅存在于顾客的内心,但随着社会的发展,品牌扩展到利益相关者群体,逐渐成为公司识别和价值创造最重要的资源。品牌价值存在于利益相关者和相关品牌之间相互作用的关系中,随着品牌内涵的扩大,已经形成一个以品牌为中心,包括股东和投资者、供应链各企业、顾客、员工、竞争者、媒体、政府等经济、社会各要素在内的复杂性整体。

不同利益相关者对品牌不同的价值需求和期待导致了不同的品牌价值含义,关于各利益相关者来源的代表性观点如表2.3所示。

表2.3 品牌价值的各利益相关者来源

学者	时间	代表观点
科特勒等 (Kotler et al)	2002年	品牌的利益相关者包括政府主管部门、执法部门、社会舆论、消费者、债权人、投资者、供应商、媒体、咨询机构、员工及人才发展愿景、供应商,还包括承担社会责任、环保责任等

续表

学者	时间	代表观点
米切尔（Mitchell）、阿格尔（Agle）、伍德（Wood）	1997年	品牌利益相关者包含主要和次要的利益相关者、公司的所有者和非所有者、资本所有者或较少的有形资产所有者、行动者及被行动者、与公司有资源关系的相关者或非资源关系的所有者、所有权人、契约人、求偿人、资源提供方及依赖方、承担风险者、施加影响者、代理经理等其他法律主体，并根据利益相关者的力量、合法性和紧迫性对其进行了划分
琼斯（Jones）	2005年	①管理者关注营销、定位和声誉 ②员工关注工作安全和声誉 ③顾客关注产品质量、高声誉和高利益 ④供应商关注品牌力量、市场力量和声誉 ⑤分销商关注品牌力量和声誉 ⑥政府部门关注合法经营、就业岗位和纳税 ⑦公众关注社会责任行为、环境记录 ⑧媒体关注社会、伦理、环境和财务责任行为
赫斯克特等（Heskett et al）	2003年	品牌价值是组织为包括客户、雇员、供应商、投资者和社区等在内的所有利益相关者创造的价值，为制造商或服务提供商创造的价值，以及为营利组织和非营利组织中的重要利益相关者创造的价值
舒尔茨等（Schultz et al）	2002年	①顾客和分销商为公司创造现金流 ②员工、供应商影响公司运行成本 ③金融机构、投资团体控制资本 ④政府、非政府组织影响公司经营活动、限制生产能力

根据上表中总结的不同利益相关者来源的品牌价值，可以发现：

第一，品牌概念已扩展到复杂的利益相关者群体，每一部分利益相关者都对品牌及其价值产生正向（或负向）影响。

第二，利益相关者已从顾客扩展到包含管理者、供应链企业、政府、媒体、组织、员工等多种来源。

第三，品牌价值是在品牌与利益相关者的互动关系中形成的，但并不是每种关系的简单加和，而存在一定的数理逻辑。

2.2.2.2　品牌价值评价技术方法

基于上述利益相关者视角，品牌价值评价应该从管理者、顾客、员工、供应链合作者、竞争者等多个角度进行综合评价。但纵观现阶段基于利益相关者视角的评价技术，大多还是集中于消费者视角，对其他利益相关者的涉及较少。

其中，消费者视角的品牌价值主要指利用品牌熟悉度、感知质量以及品牌联想等指标来衡量品牌在消费者心目中的地位。金姆等（Kim et al）等指出，消费者视角的品牌价值必须包含三个因素：品牌忠诚度、感知质量以及品牌形象。王（Wang）认为，除了将品牌忠诚度和品牌知名度相结合之外，还需考虑消费者对品牌实际价值购买与否的行为对品牌价值的影响。柳和丹苏（Yoo & Donthu）指出，基于消费者的品牌资产价值可通过三个维度进行测量：品牌忠诚度、感知质量以及品牌意识/联想。普兰克和沃什伯恩（Plank &

Washburn）建立了顾客视角的品牌资产价值评价量表。

消费者视角下的品牌价值研究为品牌价值的量化评价提供了基础。基于财务视角的评估方法的共同缺点是脱离了消费者基础。品牌是产品和消费者间关系的体现，代表着品牌经营者和消费者之间的"协议"，尽管这些协议可能是隐形的认知协议或心理协议。因此，品牌价值不可能忽视或违背消费者的意愿而存在。从消费者视角出发的品牌价值测算方法主要包括以下三种。

（1）品牌资产的十要素模型

品牌资产的十要素模型（Brand Equity Ten）由美国学者大卫·阿克（David Aaker）于1991年提出。品牌资产评估由五项维度、十个指标构成，即：品牌忠诚度评估（1. 价差效应；2. 满意度/忠诚度），品质认知/领导性评估（3. 品质认知；4. 领导性/受欢迎程度），联想性/区隔性评估（5. 价值认知；6. 品牌个性；7. 企业联想），知名度评价（8. 品牌知名度），市场状况评估（9. 市场占有率；10. 市场价格、通路覆盖率）。该模型综合了前人单纯基于财务和消费者数据的评估方法，形成了更为全面、详细的评估思路，且以消费者为中心，体现了品牌传播的作用力，强调了品牌价值的认知性、主观性和客观性的综合。该模型同时考虑了相对明确的市场业绩等要素，是一种综合性的品牌资产评估方法。

(2) CBBE 模型

CBBE（Customer Based Brand Equity）模型是由美国学者科勒（Keller）于 1993 年提出的。该模型强调，品牌价值存在于消费者的认知之中，消费者对于品牌的知识、感觉和体验是品牌价值存在的基础。如果没有消费者的认知和体验，品牌并无价值可言。CBBE 模型的理论基础为心理学中的"关联网络记忆模型"，消费者的品牌知识是创造品牌资产的关键要素，而品牌知识由消费者记忆中的品牌形象、品牌知名度所构成。该模型强调品牌资产建设首先要选择品牌要素，制订出营销计划，创造次级联想的杠杆作用，形成基于消费者的品牌知名度、品牌联想，继而增强品牌忠诚、边际收益、特许机会、营销效果等。该模型并未构建品牌资产和品牌价值测量表。

(3) 品牌财产评估电通模型

品牌财产评估（Brand Asset Valuator）电通模型前身是朗涛形象力（Landor Image Power）模型，于 1993 年由 Young & Rubicam 公司提出。该模型的基本立场是消费者立场，强调一个品牌的价值源自消费者对一个品牌的差异化、品牌基因、品牌本质等的认知和态度，从差异性、相关性、品牌评价及品牌认知四个方面对消费者进行调查。由于其调查范围覆盖的国家及人口众多，其调查数据库又被称为"基于消费者调查的世界最大的品牌数据库"。通过明确品牌强度和品牌高度两个因子，构建品牌资产的评估矩阵。

除上述模型以外，消费者视角的评价还涉及其他一些方法。典型的有：萨特勒（Sattler）提出的考虑消费者心目中的品牌潜能以及品牌延伸到新市场中的潜在收益这两个因素的评价方法，其中品牌潜能因子的概念为首创，并针对该值提出了一个模块化的评价系统；我国学者范秀成、冷岩（2002）提出的顾客忠诚因子评价法，该评价法认为品牌未来增量收益有赖于广义的顾客忠诚度，可以通过计算品牌忠诚因子来评价品牌价值。

2.3 相关标准发展

2.3.1 国际标准

国际标准化组织重视品牌评价货币化方法的国际标准研制，已正式发布两项品牌评价的国际标准：《品牌评估 品牌货币价值评估要求》（ISO 10668）、《品牌评价 原则与基础》（ISO 20671）。

ISO 10668 由国际标准化组织品牌评价项目委员会（ISO/PC 231）提出并制定，并于 2010 年 9 月正式发布。该标准的基本观点是：品牌评价不仅是方法，同时也是一种服务；不同的品牌评价服务需要采用不同的评价方法；目前尚难达成方法间的一致，故有必要提出品牌价值评估方法的关键性基本要求。ISO 10668 规定了品牌货币价值的测量程序和方法；规定了品牌评价的基本框架，包括评价目的、评价基础、评价方法、合格数据源及假设，以及评价结果的报告方法。标准对具体的评价方法做出了基本要求，指出品牌货币价值评估过程中主要有三种方法：收入法、市场法和成本法。具体评估过程中对方法的选择主要取决于评价目的、价值概念和被评价品牌的特点。此外，标准提出品牌价值评估所采用的数据应来自财务、行为、法律三个方面。

2014 年 1 月国际标准化组织成立了品牌评价技术委员会（ISO/TC289），我国成功担任秘书国，秘书处设在中国品牌建设促进会，负责国际标准制定的组织和协调工作。我国吴芳博士与奥地利的格哈德·赫比克（Gerhard Hrebicek）博士作为联合召集人，组织各国专家开展《品牌评价　原则与基础》草案研究，并于 2020 年发布。这项工作的承担及开展是我国品牌评价工作以及国际标准化工作的一项重大突破，为我国参与制定国际规则、实现发展和赶超发达国家提供了难得的机遇。

2.3.2　其他国家、地区及组织对该领域内相关标准的研制

奥地利已制定和发布本国的品牌评价标准——《无形资产

品牌的估价方法》（ONR 16800）。该标准定义了确定无形资产"品牌"价值的步骤，以便重点支持集团公司和中小企业的品牌管理活动。该标准所依据的品牌评价模型以企业价值评估模型为基础，针对的读者是公司内对品牌评价感兴趣的负责品牌管理的雇员以及为其他企业进行品牌价值评估的服务提供者两类人员。

此外，相关国际组织、国家和地区已经围绕品牌评价标准化开展了大量工作。国际会计准则理事会（IASB）针对无形资产的会计处理专门制定了《无形资产》（IAS：38）。国际评估准则理事会（IVSC）制定发布了《无形资产评估准则》和《专利评估准则》。

2.3.3 国内标准

为支撑我国自主品牌建设工作，同时为有效应对国际标准可能对我国自主品牌产生的影响，我国于 2012 年成立了全国品牌评价标准化技术委员会①（SAC/TC 532）。2012 年 12 月 10 日我国发布了《品牌评价 品牌价值评价要求》（GB/T 29187—2012）、《品牌价值 术语》（GB/T 29185—2012）、《品牌价值 要素》（GB/T 29186—2012）和《品牌评价 多

---

① 原名为"全国品牌价值及价值测算标准化技术委员会"，后更名为"全国品牌评价标准化技术委员会"。

周期超额收益法》（GB/T 29188—2012）四项国家标准。其中《品牌评价　品牌价值评价要求》等同转化了国际标准 ISO 10668，规定了品牌货币价值评价中的基本要求。其他三项标准是在国际标准基础上结合我国品牌建设实践需求进一步研究制定的，分别规定了品牌评价管理活动中的术语定义、品牌价值的影响要素以及多周期超额收益法这一具体的品牌价值测算方法。这四项标准为推动我国自主品牌建设、建立品牌评价制度奠定了良好的基础。

在此基础上，为进一步推动品牌评价国家标准在各主要行业中的应用，2013—2014 年，SAC/TC 532 牵头研制了汽车制造、机械设备、家用电器、餐饮业、零售业、电子商务、金融业等十五个品牌评价行业应用指南国家标准，开展质量、服务、技术创新、无形资产等品牌价值核心要素评价标准的预研工作。此外，为了使未发布应用指南的行业在品牌评价时有据可依，我国在 2014 年、2015 年还陆续出台了《品牌价值　质量评价要求》（GB/T 31041—2014）、《品牌价值　技术创新评价要求》（GB/T 31043—2014）和《品牌价值　服务评价要求》（GB/T 31042—2014）三项国家标准，以及《品牌价值　无形资产评价要求》一项国家标准立项。这些工作更进一步夯实了我国开展品牌评价标准化工作的国内标准研究基础。

2.3.4 国内外品牌评价相关标准的比较

ISO 10668 对品牌评价的基本框架进行了规定，即对相关术语进行了定义，对评价所需数据进行了说明，对品牌价值评价的途径及各途径下所涉及的评价方法进行了规定，是对各国品牌评价工作开展的提纲挈领，但其仅仅提出了评价方法的关键性基本要求，并未涉及各种方法的适用性规定。

作为拥有全球第一个通过 ISO 10668 认证的品牌价值评价方法的企业，Interbrand 公司通过为期近 30 年开展的 5 000 多个品牌价值评估项目凸显其评价方法的专业性，并在市场中被赋予了更多的权威性。

相较之下，我国品牌评价相关标准较为具体，是在 ISO 10668 中涉及的所属收入途径的多周期超额收益法这一维度的纵深探索。现将我国现有品牌价值评价标准体系与 ISO 10668 在评价途径、方法适用性、所需数据的相关规定等方面作简单比较，如表 2.4 所示。

表 2.4 我国品牌价值评价相关标准与 ISO 10668 的比较

维度	ISO 10668	Interbrand 法	我国现有品牌评价标准体系
评价途径	收入途径 市场途径 成本途径	收入途径 品牌强度	收入途径 品牌强度

续表

维度	ISO 10668	Interbrand 法	我国现有品牌评价标准体系
方法适用性	未涉及	企业品牌	未涉及
所需数据信息	市场和财务信息 行为信息 法律信息	财务信息 历史数据 市场调查数据 顾客调查数据	有形资产 无形资产 质量 技术创新 服务
数据来源	未涉及	第三方独立收集	企业申报

2.4 评价数据的获取与应用

品牌评价方法的研究和运用离不开对有关数据的获取和统计处理。品牌评价数据的获取是品牌评价的基础，针对如何获取并处理品牌评价数据，学者们进行了深入的研究。

2.4.1 数据获取现状

传统的品牌数据获取可分为被动获取品牌经营数据和主动获取市场调查数据。为了体现数据的真实性，需要验证数据的效度和信度。西莫宁和露丝（Simonin & Ruth）在 1998 年提出适用于研究消费者品牌态度的 S-R 模型，并设计了相应的 S-R 模型的测量量表，用于验证数据的效度。扎沃思基（Zaichkowsky）

在1985年提出PII（Personal Involvement Inventory）测量量表模型，通过20组语义差别的题目保证了获取数据的效度，但是其为单维度量表，可宽展性较差。为了利用多维度保证数据的效度，劳伦特和卡普尔（Laurent & Kaperer）在1985年开发了CIP（Consumer Involvement Profile）量表，从品牌感知重要性、品牌情感价值、选错品牌可能、选错品牌后果和社会价值五个维度获取相关品牌数据。在数据信度分析方面，泰勒等（Taylor et al）在2002年提出利用内部一致性系数（Cronbach'a值）检测评价数据信度，若数据项目多于6个，Cronbach'a值大于0.7，则数据足够可靠；若数据项目少于6个，Cronbach'a值大于0.6，则数据也可靠。当样本数据较大，应对具有相同属性的变量进行合并。

随着互联网技术的发展，当前对如何利用互联网数据为品牌扩展市场的研究较为深入，比如卡纳安等（Kannan et al）在2001年利用数据聚类、关联规则和协同过滤技术设计高效的电子商务推荐系统。但相比较而言，利用互联网数据对品牌进行评价的研究还未出现。

2.4.2 多源数据技术的应用

多源数据是指来源于多种渠道的数据信息。多源数据技术最早应用于军事领域，具体的应用雏形可以追溯至第二次世界大战时期。当时从雷达和光学两个数据源获取的信息，提高了高炮系统的进度和抗干扰能力。

多源数据具有复杂性、异构性、动态性、分布式及体量巨大等特点，将具有上述特点的数据进行挖掘、融合及分析的技术就称作多源数据技术。截至目前，伴随着物联网、大数据等概念的兴起，多源数据技术从理论研究到实践应用都得到了巨大的发展。多源数据技术已被广泛地应用于交通状态监测与评价、民航空管服务、海域信息管理、无线传感、生态系统服务功能价值评估以及网页设计等众多研究领域。

基于 CIP 量表中制定多维度以保证数据效度的思想，《品牌评估 品牌货币价值评估要求》（ISO 10668）将品牌评价标准中的元数据分为三种：市场财务数据、企业行为数据和法律数据。这对品牌评价所需数据从类型上进行了划分，但现实的评价工作需要从不同的源头来获取这些信息。

本书所指的多源数据，与当前品牌评价工作中数据的唯一来源——企业申报相比较而言，是指从多种途径获得评价所需的相关数据信息，打破评价结果过分依赖企业申报行为的局面。

2.5 本章小结

通过对国内外品牌评价技术相关理论及技术方法研究成果

的梳理，可得到如下初步结论：

第一，我国企业申报模式需向国际主流第三方评价模式转变。

我国官方评价的申报模式在评价工作的开展中逐渐展现出主动性差、客观性差、榜单不完整等诸多问题。而当前国际上几大流行榜单的共性特点则是采取第三方独立测评，这种方法最大限度地发挥了评价机构的主观能动性，保证了数据的真实性及客观性，还能使榜单中的企业数量不受制于其是否申报的行为。因此，由申报模式转变为第三方评价模式是我国评价工作持续发展亟须突破的重要瓶颈。

第二，我国现有技术需在国际评价机构存在技术垄断的背景下实现改进和突破。

国际评价机构都各自拥有自己在品牌评价方面的技术秘密，如WBL的"品牌附加值工具箱"（BVA tools）、BrandZ数据库的数十年以上的消费者忠诚数据等，从而形成品牌评价技术垄断。现阶段，我国开发的多周期超额收益法从组织行为、顾客关系、市场地位和法律权益四个维度，利用若干测量指标来对品牌强度进行测算，是国内品牌研究技术第一次对Interbrand法中品牌强度事实标准的突破。该方法已在品牌价值评价工作中投入使用，并取得了初步的研究成果，但由于其基于财务、市场的视角，未能从利益相关者的视角对消费者因素加以考虑，也没有对强度各维度的权重进行确定，还在一些特殊情况下存在使用限制。因此，需要在现有技术方法的背景下，对技术的局限性进行研究、改进和突破。同时，也要开发出其他技术方法，以打破国外技术垄断，实现我国在该领域的突破性发展。

第三，我国品牌评价现有标准体系亟须丰富和发展。

在品牌评价标准化工作层面，现有的标准体系中有关评价方法的标准仅有一项：多周期超额收益法。该方法在近些年的品牌价值评价的实践工作中已表现出一定的适用局限性，例如企业亏损时无法计算品牌价值、评价指标权重体系不合理等。单一的评价方法难以支撑起我国品牌评价的技术工作，并且也难以满足日益复杂的企业品牌建设需要。因此，开发出适用于我国评价现状的、能够与国际主流测算方法对接的、可以与多周期超额收益法相辅相成的品牌价值测算方法，是当前的紧急任务之一。

2.6 本书的主要研究内容

我国的品牌价值评价工作起步较晚，但随着技术进步和国家政策的鼓励，在近几年取得了显著的进步。本书围绕我国品牌价值评价服务的态势及需求，针对当前品牌评价工作中评价方法在数据采集、指标行业适用性以及权重分配等方面所表现出的局限性,从第三方独立测评的角度设计出一套能从多种渠道获得评价数据的评价方法,对于突破当前评价瓶颈、进一步推动我国品牌价值评价工作可持续发展具有重要意义。

本书主要分为两部分内容:

第一部分是第三方品牌价值评价指标体系的识别研究。在对国内外现行技术中所采用的评价指标进行汇总和归类的基础上,针对我国现行国家标准中各指标的可独立获取性进行分析,形成总体的数据采集方案和多源数据的处理方式,制定出评价指标的选取原则,并利用统计技术对评价指标的取舍、评价指标的层级划分以及信效度分析进行了研究,引入变异系数法,以替代原有的德尔菲法对评价指标的权重进行确定,形成了第三方评价指标体系及相应的数据采集方案。

第二部分为第三方品牌价值测算方法研究。本部分研究引入相对偏差矩阵的概念,不仅对多周期超额收益法与第三方评价指标进行了对接性研究,还针对多周期超额收益法使用时的限制性,开发出了经验市值法模型,解决了多周期超额收益法不能对亏损企业测算品牌价值这一问题。

本书的研究工作都将按照"理论学习→方法学建立→案例应用"的步骤开展。在理论学习中将对国内外与品牌价值评价方法及技术相关的研究进行整理分析，选择与本书研究目的较为契合的部分，形成研究思路并建立方法学。在方法学形成之后，选择较为典型的案例进行应用，并根据案例研究的结果对研究所形成的方法进行进一步的验证与总结。

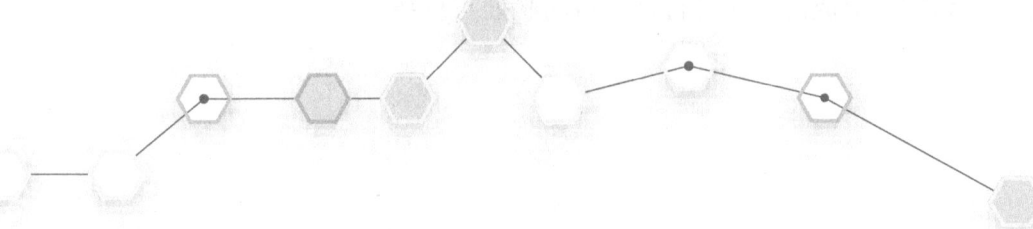

3 第三方品牌评价指标体系构建

本章在对国内外现行技术中所采用的评价指标进行汇总和归类的基础上，针对我国现行国家标准中各指标的可独立获取性进行分析，并形成总体的数据采集方案和多源数据的处理方式，制定出评价指标的选取原则，并利用统计技术对评价指标的取舍、评价指标的层级划分以及信效度分析进行了研究，引入变异系数法，以替代原有的德尔菲法对评价指标的权重进行确定，形成了第三方评价指标体系及相应的数据采集方案。

3.1 现行技术中采用指标的汇总及归类

通过对国内外现有品牌价值第三方评价技术和方法进行汇总，找出其中所涉及的评价指标，针对行业特点、品牌类型，研究各指标所涵盖的领域及指标间的关系,剔除涵盖范围有交叉的指标,按照现有的质量、技术创新、服务、无形资产及有形资产五个评价维度(简称"五维度")对指标进行初步归类。

3.1.1 Brand Finance 采用的评价指标

Brand Finance 认为影响品牌价值的主要有三个关键因素:品牌强度(brand strength)、商业表现(business performance)和外部变化(external changes)。其中,商业表现通过品牌年度收入以及5年预期增长率两个指标予以考察;外部变化主要采用折现率、长期增长率、税费、外汇以及特许率等指标进行考察;对于企业品牌强度的评价,Brand Finance 有自身独特的品牌强度体系,该体系采用百分制,并据此得出品牌的等级排名。品牌强度体系所包含的指标如表3.1所示。

表 3.1 Brand Finance 的品牌强度评价指标

维度	权重(%)	一级指标	权重(%)	二级指标	权重(%)	五维度归属
品牌投资	25	投入	25	产品	6.25	质量
				分销网络	6.25	服务
				人力	6.25	无形资产
				推销	6.25	服务

续表

维度	权重(%)	一级指标	权重(%)	二级指标	权重(%)	五维度归属
品牌资产	50	顾客	35	知名度	5.00	无形资产
				回报	7.50	有形资产
				偏爱	7.50	无形资产
				满意度	7.50	服务
				推荐度	7.50	无形资产
		员工	5	雇员评分	5.00	无形资产
		金融	5	信用等级	2.50	无形资产
				分析师推荐度	2.50	有形资产
		外部	5	环境得分	1.67	无形资产
				社区得分	1.66	无形资产
				政府得分	1.67	无形资产
品牌表现	25	产出	25	当期收入	6.25	有形资产
				当期利润率	6.25	有形资产
				预期收入增长率	6.25	有形资产
				预期利润率	6.25	有形资产

3.1.2 Interbrand法中所涉及的评价指标

Interbrand法包含营销、财务和法律等多个方面，是Interbrand通过运用统计模型预测品牌未来现金流量来计算品牌价值的一种方法，适用于对本土和外来品牌进行价值评估。

与Brand Finance采用的方法类似，该方法中品牌强度计算同样采取百分制。但不同的是，Interbrand认为在分析品牌强度时要仔细分析每个品牌的定位、市场操作的特性、竞争状况、以往的业绩、未来计划和品牌风险。品牌强度的得分是七个指标得分的加权结果，如表 3.2 所示。

表 3.2　Interbrand 的品牌强度评价指标

指标	含义	分值	五维度归属
领导力（leadership）	品牌在同行中的地位和影响力	25	有形资产、质量、技术创新、服务、无形资产
稳定性（stability）	消费者对品牌的忠诚度	15	服务、无形资产
品牌支持（support）	获得持续投资及支持的程度	10	有形资产
国际性（international）	行销区域范围的大小	25	服务、无形资产
品牌趋向（trend）	是否具有时代感，是否与消费者需求趋于一致	10	服务
市场状态（market）	市场是否成熟、稳定或具有较高的市场壁垒	10	无形资产
品牌保护（protection）	受法律保护的程度	5	无形资产
合　计		100	

3.1.3　WBL 所采用的品牌价值评价指标

WBL 认为，品牌价值是企业调整后的年业务收益额与品牌附加值指数以及品牌强度因子的乘积。其中：调整后的年业务收益额是指通过对包括当年在内的前三年的营业收益及今后两年的预测收益加以不同的权重后得出的平均业务收益；品牌附加值指数是指运用品牌附加值工具箱（BVA tools）计算出的品牌对当前收入的贡献程度；品牌强度因子是指通过对销售收入、利润等财务数据以及市场竞争进行综合分析之后运用经济附加值法确定企业的盈利水平，从而判断企业目前的盈利状况。

该方法中所提及的品牌附加值指数主要建立在对市场定性分析的基础上，通过分类比较市场研究数据，验证每一个竞争者品牌以及品牌对需求的贡献情况。这些需求推动因素包括品牌创新、产品质量、广告、价格、品牌形象、销售网络以及特别服务等。

此外，对于品牌强度因子，该方法主要从八个方面予以考虑，如表3.3所示。

表3.3 WBL的品牌强度评价指标

指标	分值	数据来源	五维度归属
行业性质	20	对品牌从外部宏观环境和微观环境两个方面做的一个定性分析，可通过市场调查和财务分析获得，反映品牌的未来收益	无形资产
外部支持	10		有形资产、无形资产
品牌认知度	15		无形资产
品牌忠诚度	15		无形资产
领导地位	10		有形资产、质量、技术创新、服务、无形资产
品牌管理	10		无形资产
扩张能力	10		服务、无形资产
品牌年龄	10		无形资产

3.1.4 小结

基于上述对 Brand Finance、Interbrand 和 WBL 所采用的评价指标体系的分析，我们可以发现：

第一，指标基本从外部的角度，即基于顾客、投资人、雇员、政府等除企业之外的利益相关者视角对品牌进行评价，这主要是由评价机构的性质及数据采集实现的可能性所决定的。

第二，与现有的五维度相关联后发现质量维度的指标很少，技术创新维度的指标几乎没有，现有指标大多集中于服务、有形资产和无形资产三个维度。

第三，这些主流机构大多通过与专业数据公司合作，获取稳定、可靠、一致的专业数据，这种借力于第三方数据公司的做法非常值得我们借鉴。

3.2 现行国家标准中各指标的可独立获取性研究

3.2.1 多周期超额收益法

为了更好地与现行国家标准对接，与按照现行的多周期超额收益法进行评价的结果具有一致性及可比性，需要对现行国家标准中所规定的品牌强度影响因素（指标）进行分析，评估每个指标数据独立获取的可能性，以及非可获取时的衍生、替代的必要性。

《品牌评价　品牌价值评价要求》（GB/T 29187—2012）使用翻译法等同采用 ISO 10668，规定了品牌价值评价的一般要求、评价方法、评价数据、评价报告以及评价独立性等通用性内容。其中，对品牌价值评价所必要的数据输入进行了规定。《品牌评价　多周期超额收益法》（GB/T 29188—2012）中，品牌强度系数的指标体系包括组织行为、客户关系、市场地位、法律权益 4 个维度，共 17 个一级指标。为了明确各方面指标在评价过程中数据的可独立获取性，对各个指标及其潜在的数据获取源进行了分析，如表 3.4 所示。

表 3.4　品牌强度系数指标体系中指标的可独立获取性

维度	一级指标	二级指标	独立获取	获取内容	数据来源
组织行为	质量先进性	质量管理水平			
		质量安全状况			
		质量信用情况	√	企业质量信用建设及报告发布情况	企业质量信用数据库
		质量保障能力			
		企业标准体系建设情况			

续表

维度	一级指标	二级指标	独立获取	获取内容	数据来源
组织行为	质量先进性	执行标准先进性			
		国家级、省级等产品质量监督抽查情况	√	企业产品在国家级、省级等产品质量监督抽查中的表现情况	各地区质量技术监督官网
		进出口分级分类情况			
	创新能力	创新能力总体水平			
		拥有专利数量与销售额比重	√	①专利数量 ②销售额	国家知识产权局官网、企业年报
		研发投入占比	√	①研发投入 ②销售额	企业年报
	品牌管理	广告、维护等品牌建设经费投入	√	品牌建设费用	企业年报
		品牌管理机构与专职人员设置			
		履行社会责任及发布社会责任报告等情况	√	社会责任发布情况	企业官网、巨潮资讯网

续表

维度	一级指标	二级指标	独立获取	获取内容	数据来源
客户关系	品牌形象				
	顾客满意度		√	顾客满意度	第三方评价机构
	品牌忠诚度		√	品牌忠诚度	第三方评价机构
市场地位	在行业中的领导地位		√	市场占有率	年报
	品牌知名度		√	品牌知名度	第三方评价机构
	国际市场开拓情况		√	海外销售额	企业年报
	品牌历史		√	品牌存续时长	企业官网
法律权益	是否属于国家鼓励类产业				
	参与地方、行业、国家、国际标准制定情况		√	企业参与标准制定、修订情况	标准数据库
	获得驰名商标、(省级)中国名牌、中华老字号等称号情况		√	企业获奖、获得称号情况	企业官网、企业年报、社会责任报告等

续表

维度	一级指标	二级指标	独立获取	获取内容	数据来源
法律权益	获得地理标志产品、原产地证书等情况		√	企业获得证书情况	企业官网、企业年报、社会责任报告等
	是否属于知名品牌创建示范区		√	企业是否属于知名品牌示范区	企业官网、企业年报、社会责任报告等
	知识产权受保护情况		√	企业专利、商标及著作权受保护情况	企业官网、企业年报、社会责任报告等
	传统知识、遗传资源等				

由上表可知，28个由具体数据支撑的指标中，17个指标可通过企业官网、企业年报、社会责任报告、国家知识产权局官网、第三方数据机构、巨潮资讯网以及标准数据库等渠道独立获得相关数据，其余11项指标无法采集到评价所需的数据。

3.2.2 行业应用指南中评价指标的可独立获取性研究

根据现行品牌评价国家标准体系中各行业实施指南所包含的评价指标，结合历史数据，对各评价指标所对应的数据信息进行逐条审查，对各项指标的可独立获取性进行研究；目前，已对现行国家标准体系中的 7 个行业所涉及的评价指标的可独立获取性进行了研究，如表 3.5 至表 3.11 所示。

从表 3.5 可以看出，能源化工行业共包括质量、技术创新、服务、市场和社会责任 5 个一级指标和 16 个需要具体数据支撑的二级指标。通过数据源分析，其中的 14 个指标可以独立采集到相关数据信息，但由于上市企业有限、上市企业年报信息披露力度不同以及并非所有企业都发布社会责任报告，并不能获得该行业下属的所有企业在这 14 个指标上的数据。

表 3.5　能源化工行业品牌评价指标的可独立获取性

一级指标	二级指标	评价内容	独立获取	获取内容	数据来源
质量 (300 分)	质量水平 (100 分)	按照企业主营产品执行标准先进性、通过各类认证情况等进行评价	√	①企业产品标准 ②认证认可情况	社会责任报告
	质量信用 (60 分)	按照企业发布质量信用报告、企业质量信用等级评价情况等进行评价	√	信用评估等级	企业质量信用数据库
	质量管理水平 (140 分)	按照企业通过各类管理体系认证、获得质量奖励情况等进行评价	√	①产品质量管理体系 ②质量奖励	社会责任报告

续表

一级指标	二级指标	评价内容	独立获取	获取内容	数据来源
技术创新（200分）	创新成效（110分）	按照企业拥有专利的种类和数量、获得科技进步奖励、参与标准制定及修订情况等进行评价	√	①支持技术创新的制度措施 ②专利数 ③重大创新奖项 ④参与标准制定、修订	社会责任报告、标准数据库
	创新能力（90分）	按照企业技术研发人员比重、研发经费投入、新产品销售收入情况等进行评价	√	①研发人员数量及比例 ②研发投入 ③新产品销售额	企业年报
服务（150分）	服务水平（60分）	按照企业主营产品的顾客满意度情况等进行评价	√	客户满意度	社会责任报告、企业官网
	服务能力（50分）	按照服务的种类全面性、快速响应性、承诺可靠性等进行评价	√	积极应对投诉/事故	社会责任报告
	服务保障（40分）	按照企业服务人员、服务费用投入、服务设施、服务网点建设情况等进行评价			
市场（150分）	品牌发展环境（30分）	按照企业主营产品是否属于鼓励类产业、企业其他知识产权受保护情况等进行评价	√	响应国家政策	社会责任报告

续表

一级指标	二级指标	评价内容	独立获取	获取内容	数据来源
市场 (150分)	市场影响力 (30分)	按照销售收入在行业中的排名、主营产品销售范围、出口额占销售收入比重在行业中的排名情况等进行评价	√	①出口额 ②销售收入	企业年报
	品牌影响力 (40分)	按照企业品牌时间长度、获得各类品牌荣誉称号、标志、证书情况等进行评价	√	①品牌历史 ②存续时长 ③获得荣誉	企业官网、社会责任报告
	品牌建设 (50分)	按照企业品牌培育管理体系、品牌文化情况等进行评价			
社会责任 (200分)	推进机制 (50分)	按照企业社会责任的管理机构设置、人员配备,以及发布的社会责任报告或责任关怀报告情况等进行评价	√	①社会责任领导机构 ②社会责任报告发布	社会责任报告、企业官网
	员工关怀 (40分)	按照企业员工薪酬、福利、职业健康安全保障情况等进行评价	√	向员工提供有竞争力的薪酬、体检、休假、社保、培训等	社会责任报告

续表

一级指标	二级指标	评价内容	独立获取	获取内容	数据来源
社会责任（200分）	环境保护（60分）	按照企业开展节能减排、清洁生产等情况进行评价	√	①节约资源能源 ②减排降污 ③环境管理	社会责任报告、可持续发展报告
	社会公益（50分）	按照企业参与社会公益事业的投入情况等进行评价	√	①捐赠总额 ②企业公益基金	企业年报、社会责任报告

从表3.6可以看出，金融业共包括质量、技术创新、服务、无形资产以及社会责任5个一级指标、11个二级指标以及下属的需要具体数据支撑的19个三级指标，除了有3个指标完全不能独立获取到数据之外，其余的16个指标在理论上可以获得相关的数据信息，但由于上市企业有限、上市企业年报信息披露力度不同以及并非所有企业都发布社会责任报告，并不能获取该行业下属的所有企业在这16个指标上的数据。

表 3.6　金融业品牌评价指标的可独立获取性

一级指标	二级指标	三级指标	独立获取	获取内容	数据来源
质量（340分）	资产质量（200分）	资本充足率（60分）	√		社会责任报告（关键绩效数据表）、企业年报
		不良贷款率（60分）	√		
		资产利润率（40分）	√		
		流动资产率（40分）	√		
	业务能力（140分）	营业收入比（60分）	√	营业收入	企业年报
		海外业务范围（40分）	√	业务范围	企业官网、社会责任报告
		海外业务占比（40分）	√	海外收入	企业年报、企业官网、社会责任报告
技术创新（90分）	研发投入（40分）	研发经费（40分）	√	研发投入	企业年报
	研发产出（50分）	专利数量（20分）	√	专利数量	国家知识产权局网站
		标准制定（30分）	√	标准制定、修订参与	标准数据库
服务（240分）	顾客满意（80分）	顾客满意度排名（80分）	√	客户满意度	社会责任报告

续表

一级指标	二级指标	三级指标	独立获取	获取内容	数据来源
服务 (240分)	顾客忠诚 (160分)	客户平均年限 (80分)			
		主办行客户比率 (80分)			
无形资产 (210分)	品牌历史 (40分)	品牌年限 (40分)	√	品牌存续时长	官网、社会责任报告
	品牌投入 (40分)	品牌宣传投入 (40分)	√	广告费	年报
	品牌美誉度 (100分)	品牌获奖情况 (40分)	√	品牌获奖情况	官网
		品牌排名情况 (60分)	√	品牌排名情况	
	品牌保护 (30分)	知识产权保护情况 (30分)			
社会责任 (120分)	社会责任建设 (120分)	企业社会责任履行 (120分)	√	①社会绩效 ②环境绩效	社会责任报告

从表 3.7 可以看出，机械设备制造业包括质量、技术创新、市场与服务、法律权益和社会责任 5 个一级指标，下属 16 个需要具体数据支撑的二级指标中，仅有 1 个指标无法获取数

据，但由于上市企业有限、上市企业年报信息披露力度不同以及并非所有企业都发布社会责任报告，并不能获取该行业下属的所有企业在这 15 个指标上的数据。

表 3.7　机械设备制造业品牌评价指标的可独立获取性

一级指标	二级指标	评价内容	独立获取	获取内容	数据来源
质量 (290 分)	质量水平 (190 分)	①制造水平（包括生产设备设施、工艺、检测能力、计量水平、人员水平等） ②产品实物质量（包括产品主要性能和可靠性） ③产品执行标准先进性 ④产品认证情况	√	①产品合格率 ②企业产品标准 ③认证认可情况	社会责任报告
	质量信用 (40 分)	①国家级、省级等产品质量监督抽查情况 ②按《企业质量诚信管理实施规范》（GB/T 29467）执行质量诚信管理方面的情况	√	信用评估等级	社会责任报告
	质量管理水平 (60 分)	①管理体系建设 ②质量管理信息化水平 ③近 3 年获得质量成果及奖励情况	√	①产品质量管理体系 ②质量奖励	社会责任报告

续表

一级指标	二级指标	评价内容	独立获取	获取内容	数据来源
技术创新（240分）	创新机制（50分）	①创新机制建设情况 ②企业创新技术支持平台	√	支持产品服务创新的制度措施	社会责任报告
	创新能力（120分）	①技术研发实力 ②新产品产值率 ③研发经费投入	√	①研发人员数量 ②新产品销售额 ③研发投入	企业年报、社会责任报告
	创新成效（70分）	①拥有专利情况 ②获得科技成果及奖励情况 ③参与地方、行业、国家、国际标准制定、修订情况	√	①专利数量 ②重大创新奖项 ③参与标准制定、修订	国家知识产权局网站、社会责任报告、标准数据库
市场与服务（200分）	市场开拓能力（40分）	①国内市场占有率变化情况 ②国际市场出口额变化情况	√	①市场占有率 ②出口额	社会责任报告（关键绩效表）
	市场影响力（70分）	①主营业务销售收入在行业中的排名位置 ②主营产品销售范围及重点用户、重点工程配套情况 ③出口额占销售收入比例在行业中的排名位置	√	①成长性 ②收益性	社会责任报告

续表

一级指标	二级指标	评价内容	独立获取	获取内容	数据来源
市场与服务（200 分）	服务能力（60 分）	①服务机制及标准（包括售前、售中及售后，提供服务种类的多样性程度及特定化服务需求） ②服务基础条件（包括服务人员、服务设施、服务网点、服务获得的便捷程度等与服务能力承诺的匹配情况及投入） ③服务规定执行情况（服务响应时间、服务准确率、近三年服务投诉率）	√	客户关系管理体系	社会责任报告
	客户关系（30 分）	①顾客满意度 ②品牌忠诚度	√	客户满意度	社会责任报告
法律权益（150 分）	政策与法规（40 分）	①产业政策符合情况 ②其他知识产权受保护情况	√	①响应国家政策 ②企业守法合规体系	社会责任报告
	影响力（60 分）	①企业及注册商标历史 ②宣传推广经费投入额 ③获得各类荣誉称号、标志、证书情况	√	①品牌历史 ②广告费 ③获得荣誉称号	企业官网、企业年报、社会责任报告

续表

一级指标	二级指标	评价内容	独立获取	获取内容	数据来源
法律权益（150分）	品牌建设（50分）	①品牌培育管理体系情况 ②品牌文化			
社会责任（120分）	相关体系建设情况（40分）	①社会责任管理体系 ②环境管理体系建设 ③职业安全健康管理体系建设 ④能源管理体系建设	√	①社会责任领导机构、组织体系、管理制度 ②环境管理体系 ③安全生产	社会责任报告
	企业形象（60分）	①社会公益、慈善和福利活动 ②保护自然环境情况 ③社会承诺 ④社会责任报告 ⑤股东权益 ⑥供应链相关方的评价	√	①慈善公益 ②环境管理 ③社会责任报告发布 ④股东责任 ⑤伙伴责任	企业年报、社会责任报告
	员工关怀（20分）	①薪酬情况 ②福利和劳动保障	√	①向员工提供有竞争力的薪酬 ②福利、劳保	社会责任报告

从表3.8可以看出，家用电器制造业包括质量、创新、服务、市场、社会责任和法律权益6个一级指标，下属29个需要具体数据支撑的二级指标中，仅有6个指标无法获取数据，但由于上市企业有限、上市企业年报信息披露力度不同以及并

非所有企业都发布社会责任报告，并不能获取该行业下属的所有企业在这 23 个指标上的数据。

表 3.8　家用电器制造业品牌评价指标的可独立获取性

一级指标	二级指标	评价内容	独立获取	获取内容	数据来源
质量 (200 分)	质量管理水平 (60 分)	根据企业的质量管理方法先进程度、质量管理制度健全情况、企业持续质量改进程度（应为连续三年数据对比）和企业产品质量的检测手段来进行评价	√	产品质量管理体系	社会责任报告
	质量安全状况 (-20 分)	按照企业的产品安全状况来评价，当出现产品安全事故时，应予以扣分	√	客户责任负面信息	社会责任报告
	质量信用总体情况 (30 分)	可按照质量信用等级来评价	√	信用评估等级	社会责任报告
	企业标准体系建设情况 (40 分)	企业标准体系建设的完整性和执行情况	√	企业产品标准	社会责任报告
	执行标准先进性 (30 分)	根据企业标准和国家标准的对比情况进行评价	√		

续表

一级指标	二级指标	评价内容	独立获取	获取内容	数据来源
质量（200分）	国家级、省级等产品质量监督抽查情况（20分）	按照政府监管部门的监管信息进行评价	√	产品合格率	社会责任报告
	进出口分级分类情况（20分）	按照进出口分级分类信用等级进行评价			
创新（200分）	拥有专利类型、数量和应用情况（50分）	按照获得专利情况以及应用情况来评价	√	专利数量	国家知识产权局网站
	奖励（50分）	按照获得省级及以上（含国际）创新方面的奖励情况来评价	√	重大创新奖项	社会责任报告
	研发经费投入情况（50分）	按照经费占销售额的比例来评价	√	研发投入	企业年报、社会责任报告
	技术研发实力（50分）	按照认证的研发部门等级来评价			

续表

一级指标	二级指标	评价内容	独立获取	获取内容	数据来源
服务(150分)	服务管理体系(60分)	按照服务管理体系的完整性来评价（包含售前、售中、售后的服务和用户体验与消费者互动）	√	客户关系管理体系	社会责任报告
	网点建设(45分)	按照服务网点覆盖销售区域（网点覆盖率）情况来评价	√	网点建设	官网
	顾客满意度或投诉率(45分)	根据具备资质的第三方出具的调查报告来评价	√	①顾客满意度②客户投诉解决率	社会责任报告
市场(150分)	市场占有率(46分)	按照品牌在各类产品的中占有率来评价			
	国际市场开拓情况(30分)	按照出口额占行业同类产品出口额的比例、自有品牌的销售量的比例和销售区域的覆盖程度情况来评价			
	品牌历史(22分)	按照企业品牌时间长度来评价	√	品牌存续时长	企业官网、社会责任报告、企业年报

续表

一级指标	二级指标	评价内容	独立获取	获取内容	数据来源
市场（150分）	品牌建设（30分）	按照广告、品牌维护、品牌建设等方面的经费投入情况来评价	√	广告投入	企业年报
	品牌管理体系（22分）	按照企业品牌管理体系情况来评价			
社会责任（150分）	组织治理（22分）	按照企业的社会责任的管理团队的架构情况和保障员工权益的组织情况来评价	√	责任治理	社会责任报告
	劳工准则（38分）	按照员工权利保障水平进行评价（包括保险覆盖比例、员工福利和劳动职业安全保障等因素）。当出现相关问题时，应予以扣分	√	①员工责任②安全生产	社会责任报告
	环境保护（38分）	按照企业生产过程，减少污染物排放和能源消耗情况，产品绿色设计和资源化回收的水平来评价	√	环境绩效	社会责任报告
	社区参与与发展（37分）	按照参与公益事业的善款占收入比例的情况来评价	√	①公益投入②社区责任	企业年报、社会责任报告
	股东权益方面（15分）	按照股东回报率评价	√	收益性	社会责任报告、企业年报

续表

一级指标	二级指标	评价内容	独立获取	获取内容	数据来源
法律权益（150分）	商标注册的范围（30分）	根据注册商标的注册范围和覆盖的产品范围来评价	√	企业主要产品及服务	社会责任报告
	知识产权受保护情况，如注册商标、著作权、科技成果权（22分）	当企业的商标或专利存在侵权行为时进行评价。当出现相关问题时，应予以扣分			
	获得驰名商标、（省级）中国名牌等称号情况（38分）	根据获得情况来评价	√	获得称号	企业官网
	参与地方、行业、国家、国际标准制定情况（38分）	根据参与情况评价	√	参与标准制定、修订情况	标准数据库
	公平营运活动（22分）	根据企业遵守国家相关企业营运的法律法规的情况来评价。当出现相关问题时，应予以扣分	√	企业守法合规措施、体系	社会责任报告

从表3.9可以看出，食品加工制造业包括质量、创新、服务、市场、品牌建设和法律权益6个一级指标，下属15个需要具体数据支撑的二级指标中，仅有1个指标无法获取数据，但由于上市企业有限、上市企业年报信息披露力度不同以及并非所有企业都发布社会责任报告，并不能获取该行业下属的所有企业在这14个指标上的数据。

表3.9 食品加工制造业品牌评价指标的可独立获取性

一级指标	二级指标	评价内容	独立获取	获取内容	数据来源
质量（350分）	产品质量和食品安全水平（110分）	①产品制造工艺、检验方法、设备等 ②产品执行标准的先进性	√	①对供应商进行原材料安全性控制 ②食品安全管理体系	社会责任报告
	产品质量和食品安全管理水平（160分）	①管理体系认证情况 ②获得各级政府的质量奖励情况 ③建立可追溯体系情况	√	①管理体系认证 ②质量奖励 ③食品安全事故应急机制 ④问题食品处理制度	社会责任报告、网络抓取
	产品质量和食品安全信用状况（80分）	①产品质量监督抽查情况 ②近三年产品有无出现质量安全事故 ③质量信用报告发布情况 ④一年内消费者投诉数量	√	①企业质量信用报告 ②消费者争端解决机制 ③积极应对投诉、事故	企业质量信用报告、数据库、企业社会责任报告

续表

一级指标	二级指标	评价内容	独立获取	获取内容	数据来源
创新 (140 分)	创新能力 (70 分)	①研发经费投入占销售额比重 ②拥有的国家级、省级企业技术中心、研发中心和实验室的级别和数量 ③承担或参与的国际、国家、省标准化技术委员会的情况 ④研发人员的数量和学历等配制情况	√	①研发投入 ②研发人员数量及比例	企业年报
	创新成果 (70 分)	①拥有的专利和科技成果的级别和数量 ②获得的科技进步奖励情况 ③主导或参与的国际、国家、行业和地方标准情况	√	①专利数量 ②科技进步奖励 ③参与标准制定、修订情况	国家知识产权局网站、网络抓取、标准数据库
服务 (150 分)	服务能力 (100 分)	①服务种类 ②服务快速响应时间 ③服务履行标准（服务机制及标准） ④服务基础条件 ⑤个性化服务情况 ⑥物流服务配套情况	√	①客户关系管理体系 ②确保产品、服务信息的真实和完整的制度和措施 ③售后服务体系	社会责任报告
	客户关系 (50 分)	①顾客满意度 ②品牌忠诚度 ③品牌认知度	√	①客户满意度 ②品牌忠诚度	社会责任报告、满意度调查

续表

一级指标	二级指标	评价内容	独立获取	获取内容	数据来源
市场（180分）	市场领导力（90分）	①国内市场占有率 ②国内市场增长率 ③国内行业排名	√	①成长性 ②收益性	社会责任报告
	市场开拓能力（90分）	①产品出口国家的数量 ②产品出口率 ③国际市场占有率	√	企业运营地域及运营架构	社会责任报告
品牌建设（100分）	品牌运营（40分）	①品牌的持续投资 ②广告投入 ③品牌使用年限 ④品牌与时代发展趋势吻合度	√	①广告投入 ②品牌历史 ③响应国家政策	企业年报、企业官网、社会责任报告
	品牌管理（20分）	①政策符合度 ②品牌管理专职人员设置情况 ③品牌文化	√		
	社会责任（40分）	发布社会责任报告情况	√	发布与否	社会责任报告
		环境卫生管理体系建设情况	√	环境管理	社会责任报告
		职业安全健康管理体系建设情况	√	员工责任	社会责任报告

续表

一级指标	二级指标	评价内容	独立获取	获取内容	数据来源
法律权益（80分）	知识产权保护（25分）	①商标注册权 ②著作权 ③科技成果权			
	荣誉称号（35分）	①省级名牌 ②驰名商标 ③中华老字号	√	荣誉称号	企业官网
	标志（20分）	①地理标志产品 ②原产地证书 ③非物质文化遗产	√	标志	企业官网

从表3.10可以看出，酒水、饮料及精制茶行业包括质量、创新、客户关系、市场、品牌建设和法律权益6个一级指标，下属25个需要具体数据支撑的二级指标中，有19个指标可以独立获取数据，但由于上市企业有限、上市企业年报信息披露力度不同以及并非所有企业都发布社会责任报告，并不能获取该行业下属的所有企业在这19个指标上的数据。

表 3.10 酒水、饮料及精制茶行业品牌评价指标的可独立获取性

一级指标	二级指标	评价内容	独立获取	获取内容	数据来源
质量 (300分)	质量水平 (90分)	①产品认证情况 ②主要产品执行标准的先进性	√	①产品质量管理体系 ②对供应商进行原材料安全卫生控制 ③食品安全管理体系 ④食品安全事故应急机制 ⑤问题食品处理制度	企业社会责任报告
	质量管理水平 (130分)	①管理体系认证情况 ②获得各级政府的质量奖励情况 ③产品制造过程执行标准、检验方法、设备等的先进性	√		
	质量信用状况 (80分)	①国家级、省级等产品质量监督抽查情况 ②近三年产品质量安全事件 ③质量信用报告发布情况	√	企业质量信用报告	企业质量信用报告数据库
创新 (100分)	创新能力 (60分)	①研发经费投入情况 ②拥有的国家级、省级企业技术中心、研发中心和实验室级别和数量 ③承担或参与的国际、国家、省标准化技术委员会的情况 ④研发人员的数量和学历等配制情况	√	①研发投入 ②研发人员数量及比例	企业年报

续表

一级指标	二级指标	评价内容	独立获取	获取内容	数据来源
创新 (100分)	创新成果 (40分)	①拥有的专利和科技成果的级别和数量 ②获得的科技进步奖励情况 ③主导或参与制定的国际、国家、行业和地方标准情况	√	①专利数量 ②科技进步奖励 ③参与标准制定、修订情况	国家知识产权局网站、网络抓取、标准数据库
客户关系 (150分)	品牌形象 (15分)	①品牌美誉度 ②品牌个性	√	品牌美誉度	顾客满意度调查
	顾客满意度 (30分)	①与理想品牌满意度的比较 ②与竞争品牌满意度的比较 ③与顾客期望品牌满意度的比较	√	顾客满意度	顾客满意度调查
	品牌忠诚度 (30分)	①顾客溢价支付意愿 ②重复购买次数			
	品牌认知度 (10分)	①认知度 ②品牌的普及程度			
	品牌的感知质量 (15分)	①产品的可靠性 ②产品满足需求的程度 ③销售及售后服务质量	√	售后服务体系	企业社会责任报告

续表

一级指标	二级指标	评价内容	独立获取	获取内容	数据来源
客户关系（150分）	品牌知名度（30分）	①公众知名度 ②行业知名度 ③国际知名度			
	品牌联想（20分）	①产品名称和产品形象 ②服务 ③价值			
市场（200分）	市场性质（20分）	①品牌所处行业的成熟度 ②是否属于国家鼓励类行业	√	响应国家政策	企业社会责任报告
	领导力（50分）	①国内市场占有率 ②行业排名	√	①成长性 ②企业主要产品及服务	企业社会责任报告
	品牌的销售范围（50分）	①产品出口国家的数量 ②产品的出口率 ③国际市场占有率 ④出口创汇情况	√		企业官网、企业社会责任报告
	品牌稳定性（20分）	品牌使用年限	√	品牌存续时长	企业官网、企业社会责任报告

续表

一级指标	二级指标	评价内容	独立获取	获取内容	数据来源
市场 (200分)	品牌支持力度 (15分)	品牌的持续投资			
	品牌保护程度 (25分)	①品牌的日常保护 ②品牌危机管理 ③受理顾客投诉渠道建设情况	√	积极应对投诉/事故	企业社会责任报告
	品牌趋势 (20分)	①政策符合度 ②品牌与时代发展趋势吻合度	√	响应国家政策	企业社会责任报告
品牌建设 (150分)	品牌经费投入力度 (90分)	①品牌建设费用 ②品牌维护费用 ③广告投入	√	品牌广告费用	企业年报
	品牌管理机构建设情况 (20分)	①品牌管理机构 ②品牌管理专职人员设置情况	√	责任管理	企业社会责任报告
	社会责任 (40分)	①履行社会责任情况 ②发布社会责任报告情况	√		
法律权益 (100分)	知识产权保护 (30分)	①商标注册权 ②著作权 ③科技成果权			

续表

一级指标	二级指标	评价内容	独立获取	获取内容	数据来源
法律权益（100分）	荣誉称号（40分）	①国家级、省级名牌 ②驰名商标 ③中华老字号	√	获得称号	企业官网
	标志（30分）	①地理标志产品 ②原产地证书 ③非物质文化遗产	√	标志	企业官网

从表3.11可以看出，纺织服装制造业包括质量、技术创新、品牌建设、社会责任、市场地位、服务及客户关系和法律权益7个一级指标，下属21个需要具体数据支撑的二级指标中，有18个指标可以部分独立获取数据，但由于上市企业有限、上市企业年报信息披露力度不同以及并非所有企业都发布社会责任报告，并不能获取该行业下属的所有企业在这18个指标上的数据。

表3.11 纺织服装制造业品牌评价指标的可独立获取性

一级指标	二级指标	评价内容	独立获取	获取内容	数据来源
质量（120分）	质量管理能力（30分）	①技术能力，如技术人员水平、计量水平以及工艺、设备、检测能力 ②企业主营产品执行标准先进性	√	①产品质量管理体系 ②产品执行标准	企业社会责任报告

续表

一级指标	二级指标	评价内容	独立获取	获取内容	数据来源
质量 (120分)	质量安全信用情况 (30分)	①企业质量安全预警机制情况 ②企业质量诚信标准执行情况	√	企业质量信用报告	质量信用报告数据库
	质量管理水平 (60分)	①质量合格情况,如产品质量法定检查情况及国际机构对出口产品的质量通报情况等 ②各类管理体系认证情况、获得质量奖励情况	√	①产品合格率 ②获得质量奖励	企业社会责任报告、企业官网、网络抓取
技术创新 (150分)	创新机制 (50分)	①创新组织机构建设情况 ②创新运行管理制度、激励机制及运行程序 ③行业中的创新示范作用	√	支持产品创新的制度及措施	企业社会责任报告
	创新能力 (50分)	①创新技术支持平台情况,如技术中心、工业设计中心和研发中心 ②承担创新项目情况 ③研发人员占管理人员比重 ④研发投入占销售收入比重	√	①研发人员数量 ②研发投入 ③项目基金	企业年报

续表

一级指标	二级指标	评价内容	独立获取	获取内容	数据来源
技术创新（150分）	创新成效（50分）	①新产品产值率 ②主导或参与标准制定、修订情况 ③科技进步类奖励 ④拥有专利数量 ⑤社会价值	√	①新产品销售额 ②科技进步类奖励 ③参与标准制定、修订情况 ④专利数量	企业社会责任报告、网络抓取、标准数据库、国家知识产权局网站
品牌建设（130分）	品牌管理机制（50分）	①品牌培育管理体系 ②财务分品牌管理 ③品牌专职人员及品牌保护措施			
	品牌投入（30分）	①品牌宣传推广投入占品牌价值评价当期（以下简称"当期"）销售收入的比重 ②品牌人才培养投入占当期销售收入的比重 ③品牌维护等其他费用占当期销售收入的比重	√	广告费用	企业年报
	品牌成效（50分）	①品牌定位情况 ②品牌文化建设情况供应链信息化能力、市场反应 ③品牌稳定性	√	战略共享机制及平台	企业社会责任报告

续表

一级指标	二级指标	评价内容	独立获取	获取内容	数据来源
社会责任（40分）	社会责任管理机制（10分）	①社会责任管理机构设置情况 ②社会责任相关体系构建情况，如社会责任体系、职业安全健康管理体系、环境管理体系、能源管理体系及节能减排和清洁生产情况等	√	社会责任领导机构、组织体系、管理制度	企业社会责任报告
	社会责任参与情况（10分）	①员工关怀，如薪酬、福利、劳动保障、公平待遇 ②社区公益及社会慈善	√	①员工责任 ②社区责任	企业社会责任报告
	社会公益形象（20分）	①遵守法律法规情况 ②社会负面影响	√	重大守法合规负面信息	企业社会责任报告
市场地位（310分）	市场环境（40分）	①政策环境 ②人文环境 ③目标市场规模 ④竞争环境	√	①响应国家政策 ②公平竞争的理念及制度保障	企业社会责任报告
	市场能力（60分）	①国内市场开拓情况 ②国际市场开拓情况 ③电商投入占渠道建设费用的比重	√	企业运营地域及架构	企业社会责任报告

续表

一级指标	二级指标	评价内容	独立获取	获取内容	数据来源
市场地位（310分）	市场影响力（210分）	①店面坪效或单店营业额 ②市场占有率 ③行业地位 ④品牌形象，如品牌联想等 ⑤品牌美誉度 ⑥品牌知名度 ⑦品牌国际市场化程度	√	①企业规模 ②品牌美誉度	企业社会责任报告、顾客满意度调查
服务及客户关系（170分）	服务保障（50分）	①服务机制及服务标准 ②服务基础条件，如服务人员、服务设施、服务网点等与服务能力承诺的匹配情况及投入 ③应急管理机制	√	①客户关系管理体系 ②应对投诉、事故的措施	企业社会责任报告
	服务能力（60分）	①服务种类全面性，如提供服务种类的多样性及特定化服务需求 ②服务快速响应性，如服务响应时间、服务获得的便捷程度 ③服务承诺可靠性，如服务准确率、近三年服务投诉率等	√	客户投诉解决率	企业社会责任报告

续表

一级指标	二级指标	评价内容	独立获取	获取内容	数据来源
服务及客户关系（170分）	客户关系（60分）	①顾客满意度 ②顾客品牌忠诚度 ③供应链相关方的评价 ④行业或其他利益相关方的评价	√	①顾客满意度 ②品牌忠诚度 ③供应链社会责任评估和调查	企业社会责任报告、顾客满意度调查
法律权益（80分）	自有权益（20分）	①传统知识、遗传资源 ②知识产权，如注册商标、著作权、科技成果权等			
	外部认可（20分）	①获产地认证或行业标志认证的情况 ②纳入知名品牌创建示范区情况	√	获得标志	企业官网
	知识产权保护（40分）	①对技术创新成果、品牌无形资产等采取的保护措施情况 ②知识产权保护效果			

3.2.3 小结

通过上述从第三方独立视角对品牌价值评价现行的国家标准中所涉及的品牌强度测算指标的可独立获取性进行的研究，

可以发现：

第一，多周期超额收益法中的品牌强度测算指标与各行业实施指南的指标设置出入较大。多周期超额收益法中品牌强度测算指标体系包括组织行为、客户关系、市场地位、法律权益四个维度，共17个一级指标；但各行业实施指南中，品牌强度测算指标的维度设置及指标归属也不尽相同，例如：家用电器制造业涉及质量、创新、服务、市场、社会责任、法律权益6个一级指标和29个二级指标；酒水、饮料和精制茶行业涉及质量、创新、客户关系、市场、品牌建设、法律权益6个一级指标和25个二级指标。

第二，各行业一级指标划分也不一致。例如：家用电器制造业包括质量、创新、服务、市场、社会责任、法律权益6个一级指标，食品加工制造业包括质量、创新、服务、市场、品牌建设、法律权益6个一级指标。

综上所述，考虑到科研的可行性，按照由归纳到演绎的研究发展逻辑，本书先选用多周期超额收益法中所规定的品牌强度测算指标体系，作为第三方评价指标选取的参照基础，在具体行业测算时，可根据行业特点，再参照现行各行业实施指南中品牌强度的评价指标分析具体问题。

3.3 基于多种途径的数据采集方案研究

3.3.1 总体方案设计

根据国际主流机构借力第三方机构数据的通行做法，对现行国家标准中各指标的可独立获取性进行研究，在对数据源进行初步考察的基础上，本着数据来源可获得、准确及稳定的原则，形成了"企业自身数据与第三方机构数据相结合"的数据采集总体方案。

其中，"企业自身数据"是指与基于企业视角的、与企业自身品牌建设及发展相关的数据，其获取渠道主要包括企业官网、巨潮资讯网。

"第三方机构数据"是指来源于政府机构公开的、第三方数据机构统计发布的以及商业公司所掌握的数据信息，其获取渠道主要包括：政府官网，例如国家市场监督管理总局、国家知识产权局官网等；第三方评价机构，例如消费者协会、中国标准化研究院顾客满意度测评中心；商业公司，例如征信公司等。

3.3.2 多源数据的处理

3.3.2.1 缺失数据的填充

由于企业年报信息披露的有限性,在对品牌强度评价时,可能出现某企业在某指标上数值缺失的情况。从分布上来说,数据缺失可以被分成两类,即完全随机缺失和随机缺失。完全随机缺失是指缺失的数据是随机的,不依赖于其他变量。随机缺失是指数据的缺失不是完全随机的,数据的集中及缺失与完全变量有关。处理缺失变量的常用方法有完整案例分析、平均值填充以及拉格朗日插值法。由于完整案例分析的做法是删除不完整案例,不适合本研究,因此在处理品牌评价指标的缺失值时,主要选用平均值填充、拉格朗日插值法这两种方法。

平均值填充,顾名思义,是利用所有变量的平均值来填充缺失的数据值,如果缺失值不是定距型数据,则采用众数来进行填充。

拉格朗日插值法是根据已知点求得一个多项式后再根据多项式得到缺失值的近似值的一种填补方法。该方法结构紧凑、分析方便,具体做法如下:根据已知的 n 个值,找到一个 $(n-1)$ 次的多项式,$y=a_0+a_1x+a_2x^2+\cdots+a_{n-1}x^{n-1}$,该曲线过 n 个点。将 n 个点的坐标代入多项式,得到缺失值的近似值。

3.3.2.2 多源数据的同质

从不同渠道获得的众多指标数据，其度量单位大都不同，一般都具有不同的数量级及量纲。当各个指标间元数据的大小差异很大或很小时，使用变异系数时就容易导致高指标数值的权重系数过大、数值较小的指标的权重系数较小，从而忽视数值较小的指标的作用。因此，为了避免这种现象的出现，需要对元数据进行处理，以得到可靠、合理的结果。处理方式主要存在以下两种。

（1）Z-SCORE 数据标准化

Z-SCORE 数据标准化又称标准差标准化，指将数据处理成均值为 0、标准差为 1 的符合正态分布的 Z 分布数据，利用公式 $x' = \dfrac{x - \bar{x}}{\sigma}$ 进行转换。

（2）数据的百分位数化

数据的百分位数化即求出元数据所对应的百分位数，将数值大小不均的多列数据处理后转化为分布较为均匀的数据，避免度量单位对分析结果产生影响。

3.4 第三方品牌价值评价指标体系的构建

3.4.1 评价指标的选取原则

根据前述对国际主流评价机构在测算过程中所考虑的评价

维度、现行国家标准中规定的影响品牌强度的指标以及指标数据的可获取性，对第三方评价中品牌强度的评价指标进行了初步选取。指标选取过程中，遵循如下原则：

第一，与现行国家标准中规定的品牌强度评价指标对接。

第二，充分借鉴国际主流评价机构的现行做法，在遴选指标时对 Interbrand、BrandZ 以及 Brand Finance 等机构使用的评价维度进行借鉴和参考，在考虑我国品牌特点的基础上进行指标选取。

第三，充分考虑指标数据来源的性质，由于品牌评价是一项持续的工作，在进行第三方评价时，必须要保证数据的来源是稳定的、准确的以及可获取的。

第四，以定量指标为主，在通过定量判断方法对品牌特点判断不准确时，可以适当采用定性判断的方法。

3.4.2 评价指标的构成研究

3.4.2.1 评价指标的范围划定

在前述研究的基础上以及选取原则的指导下，在有形资产、质量、无形资产、技术创新、服务五个维度下初步选出 26 个第三方评价指标，各维度下属指标如下所示：

（1）有形资产维度

①销售收入，指待评价品牌在被评价年的销售收入。

②净利润，指待评价品牌在被评价年的净利润。

③市盈率，指待评价企业在被评价年的最后一个交易日的每股市场价格与每股收益的比率，此处所指的待评价企业是针对上市企业来说的，若企业非上市企业，则采用总资产收益率来替代市盈率这一指标，总资产收益率是指待评价企业在被评价年所获净利润与平均资产总额的比值。

④总资产，指待评价企业在被评价年的资产负债表中的"资产总计"金额。

⑤员工数量，指待评价企业在被评价年内的员工总数量。

（2）质量维度

①顾客感知质量，指有使用体验的顾客对企业产品质量的感觉和认知。

②质量认可度，指互联网上网民对品牌、产品或组织的质量管理、产品质量等内容的关注和认可程度。

③质量奖励，指待评价品牌所获得的全球质量奖，中国质量奖，省级、市级质量奖等奖励情况。

④国家级、省级等质量监督抽查情况，指企业产品在国家市场监督管理总局、省（自治区、直辖市）质量技术监督部门组织的监督抽查工作中的不合格情况。

（3）无形资产维度

①品牌知名度，指给定产品种类时，品牌在潜在顾客群体中能够被提及的程度。

②品牌忠诚度，指顾客在购买决策中表现出的对某品牌偏爱的行为反应。

③员工投入占比，指企业本年度内在员工培训、福利方面的投入占销售收入的比重。

④环境保护投入占比，指企业本年度内在环境保护方面的投入占销售收入的比重。

⑤社会公益投入占比，指企业本年度内在社会捐款、扶贫等公益方面的投入占销售收入的比重。

⑥国内市场占有率，指企业主营产品在国内市场同类产品中所占的比重。

⑦海外销售收入占比，指被评价年内企业在海外市场中的销售收入占总销售收入的比重。

⑧注册商标数量，指截至被评价年的最后一个工作日，企业所拥有的有效注册商标数量。

⑨品牌历史，指企业截至被评价年的最后一个工作日时的存续时长。

⑩企业信用，指企业在质量、工商及金融方面由第三方机构所评价的信用等级情况。

(4) 技术创新维度

①科技奖励，指待评价品牌所获得的国家最高科学技术奖、国家自然科学奖、国家技术发明奖、国家科学技术进步

奖、国际科学技术合作奖等情况。

②专利数量，指截至被评价年最后一个工作日，待评价品牌所获得的发明、外观及实用新型专利的数量。

③百万产值发明专利数，指待评价品牌在被评价年内每百万产值所对应的发明专利数量。

④研发投入占比，指被评价年内待评价品牌研发投入占销售收入的比重。

⑤研发人员占比，指企业本年度内研发人员占员工总人数的比重。

（5）服务维度

①投诉解决率，指企业本年度内应对与解决顾客投诉的数量与总投诉数量的比率。

②顾客满意度，指顾客对企业产品的消费感受与自身心理预期的对比。

值得说明的是，上述26个指标为24个正向、2个反向计分的指标。这两个反向计分的指标是无形资产维度的市盈率和质量维度的国家级、省级等质量监督抽查情况。市盈率的值越大反映出企业股票的性价比越低。国家级、省级质量监督部门公布的抽查情况往往是不合格情况。因此，对这两个指标应该采用反向计分。

3.4.2.2 评价指标间的相关性研究

为了更加准确地描述出指标对维度的代表性，需要确保维度内指标之间的独立性，因此，有必要对各维度内指标间的相关性进行研究。为此，特在酒水饮料行业和家电制造行业共采集了62个品牌的相关数据，采用SPSS20.0软件对指标间的相关性进行了分析。各维度内指标的相关性如下：

有形资产维度内的销售收入、净利润、市盈率、总资产以及员工数量之间的相关性如表3.12所示。

表3.12 有形资产维度内指标间的相关性分析

指标		净利润	总资产	市盈率	员工数量
销售收入	相关系数	0.441	0.975**	-0.333	0.915**
	Sig.（双侧）	0.067	0.000	0.072	0.000
净利润	相关系数		0.256	-0.247	0.948**
	Sig.（双侧）		0.055	0.188	0.000
总资产	相关系数	—		-0.353	0.894**
	Sig.（双侧）	—		0.055	0.000
市盈率	相关系数	—	—		-0.239
	Sig.（双侧）	—	—		0.203

注：** 代表 $p<0.01$，显著相关。

从上表我们可以看出，员工数量与销售收入、净利润和总资产都呈显著正相关关系，销售收入与总资产也呈现出显著正相关关系。因为总资产是指能为企业带来经济利益的全部资产，销售收入正是这种经济利益的一种表现形式，因此这两个指标可以说反映了企业同样的特质，因此我们保留内涵范围更广的总资产，删去销售收入这一指标。此外，员工数量也是反映企业规模与体量的一个指标，与总资产有所重复，因此也将其删去。综上所述，有形资产维度内保留净利润、总资产与市盈率三个指标。

质量维度内的顾客感知质量、质量认可度、质量奖励与国家级、省级等质量监督抽查情况四个指标之间的相关性如表 3.13 所示。

表 3.13　质量维度内指标间的相关性分析

指标		质量认可度	质量奖励	国家级、省级等产品质量监督抽查情况
顾客感知质量	相关系数	0.847**	0.545	−0.249
	Sig.（双侧）	0.000	0.058	0.092
质量认可度	相关系数		0.492	−0.217
	Sig.（双侧）		0.061	0.478
质量奖励	相关系数	—	—	−0.155
	Sig.（双侧）	—	—	0.572

注：** 代表 $p<0.01$，显著相关。

由上表可知，顾客感知质量和质量认可度显著相关，二者在不同层面反映了顾客对产品质量方面的感知和认可，但是顾客感知质量这一指标在调查时受众为有使用体验的顾客，而质量认可度是对互联网网民的调查。两者相比，顾客感知质量更为准确和稳定。因此，质量维度保留顾客感知质量、质量奖励和国家级、省级等产品质量监督抽查情况三个指标。

无形资产维度内的品牌知名度、品牌忠诚度、员工投入占比、环境保护投入占比、社会公益投入占比、国内市场占有率、海外销售收入占比、注册商标数量、品牌历史、企业信用十个指标之间的相关性如表 3.14 所示。

表 3.14 无形资产维度内指标间的相关性分析

指标		品牌忠诚度	员工投入占比	环境保护投入占比	社会公益投入占比	国内市场占有率	海外销售收入占比	注册商标数量	品牌历史	企业信用
品牌知名度	相关系数	0.166	-0.203	-0.155	-0.292	-0.177	0.202	0.149	0.162	0.062
	Sig.(双侧)	0.382	0.281	0.364	0.173	0.349	0.353	0.473	0.392	0.743
品牌忠诚度	相关系数		0.091	0.010	0.177	-0.129	-0.046	0.352	0.222	0.032
	Sig.(双侧)		0.633	0.957	0.525	0.496	0.799	0.329	0.165	0.867
员工投入占比	相关系数	—		0.493	0.155	-0.115	0.211	0.015	0.178	-0.102
	Sig.(双侧)	—		0.060	0.364	0.545	0.493	0.950	0.346	0.592
环境保护投入占比	相关系数	—	—		0.014	0.276	0.184	0.082	0.255	0.153
	Sig.(双侧)	—	—		0.908	0.423	0.569	0.697	0.292	0.369
社会公益投入占比	相关系数	—	—	—		0.353	0.331	0.133	0.207	0.003
	Sig.(双侧)	—	—	—		0.330	0.372	0.598	0.311	0.987
国内市场占有率	相关系数	—	—	—	—		0.630*	0.544	-0.309	0.028
	Sig.(双侧)	—	—	—	—		0.048	0.058	0.097	0.882
海外销售收入占比	相关系数	—	—	—	—	—		0.498	-0.323	0.060
	Sig.(双侧)	—	—	—	—	—		0.063	0.106	0.754

续表

指标		品牌忠诚度	员工投入占比	环境保护投入占比	社会公益投入占比	国内市场占有率	海外销售收入占比	注册商标数量	品牌历史	企业信用
注册商标数量	相关系数	—	—	—	—	—	—		0.118	0.332
	Sig.（双侧）	—	—	—	—	—	—		0.536	0.073
品牌历史	相关系数	—	—	—	—	—	—	—		0.218
	Sig.（双侧）	—	—	—	—	—	—	—		0.248

注：*代表 $p<0.05$，显著相关。

由表 3.14 可知，国内市场占有率与海外销售收入占比两指标间的相关呈现出临界显著性。国内市场占有率反映了品牌产品在国内的市场份额及其销售量。一般来说，市场份额高的企业作为市场的领导者，同时也会收获高额利润。当品牌在国内市场中的销售、利润达到某种水平之后难以再上一个台阶时，会走出国门、开拓海外市场。因此，国内市场占有率高的企业，其海外销售收入可能会相应较大。但是，也可能存在先在海外市场打响品牌、进而转战国内的品牌，例如餐饮业的鼎泰丰。因此，这两个指标表现出临界相关性，其原因可能有两个：第一，受所选样本代表性的影响——样本量及其代表性是影响指标间相关关系的一个重要原因，此外，所选的样本并不是真正意义上的随机抽样，可能也是导致这种临界显著出现的一个原因；第二，人为的统计操作误差所致——所选样本中存在着一些表现较为极端的品牌数据，这些极端值的存在对平均水平产生了影响，而在相关性分析的统计操作中我们并没有对这些极端值做出剔除处理。此外，国内市场占有率和海外销售收入虽然都能反映出品牌的规模和体量，但是现阶段我国品牌并不都具备出口的能力，这也是现阶段我国品牌所表现出的特点之一。因此，在评价我国品牌时并不能使用其中任何一个指标取代另一个。所以，对这两个指标进行暂时性保留，待样本量进一步扩大后再进行分析和研究。

技术创新维度内科技奖励、专利数量、百万产值发明专利数、研发投入占比、研发人员占比这五个指标间的相关性如表 3.15 所示。

表 3.15　技术创新维度内指标间的相关性分析

指标		专利数量	百万产值发明专利数	研发投入占比	研发人员占比
科技奖励	相关系数	0.853**	0.364*	0.382*	0.309
	Sig.（双侧）	0.000	0.048	0.037	0.097
专利数量	相关系数		0.695**	0.777**	0.549*
	Sig.（双侧）		0.000	0.000	0.012
百万产值发明专利数	相关系数	—	—	-0.217	-0.220
	Sig.（双侧）	—	—	0.478	0.243
研发投入占比	相关系数	—	—		-0.100
	Sig.（双侧）	—	—		0.597

注：* 代表 $p<0.05$，** 代表 $p<0.01$，显著相关。

由上表可知，科技奖励与专利数量、百万产值发明专利数、研发投入占比显著正相关，专利数量与百万产值发明专利数、研发投入占比、研发人员占比显著正相关。这是由于在科技评奖时专利数量是一个重要的考察指标。而投入和产出呈正比关系，因此研发投入、研发人员都与专利数量呈显著正相关。此外，发明专利作为专利的一种，也能在一定程度上代表专利数量对品牌强度高低的影响。因此，剔除科技奖励、专利数量两个指标，保留百万产值发明专利数、研发投入占比、研发人员占比三个指标。

服务维度内顾客满意度、投诉解决率两个指标间的相关关系如表 3.16 所示。

表 3.16 服务维度各指标的相关性分析

指标		顾客满意度
投诉解决率	相关系数	−0.075
	Sig.（双侧）	0.695

由此，服务维度内保留顾客满意度和投诉解决率两个指标。

综上所述，经过指标间的自相关分析，以下 21 个指标被保留：净利润，市盈率，总资产，品牌历史，品牌知名度，品牌忠诚度，国内市场占有率，海外销售收入占比，员工投入占比，环境保护投入占比，社会公益投入占比，企业信用，注册商标数量，顾客感知质量，质量奖励，国家级、省级等产品质量监督抽查情况，百万产值发明专利数，研发投入占比，研发人员占比，顾客满意度，投诉解决率。

3.4.3 评价指标与现行国家标准的对接

为了与现行国家标准中设置的品牌强度评价指标保持一致，首先对现行指标的可独立获取性进行研究，如前述章节"3.2 现行国家标准中各指标的可独立获取性研究"。随后，对保留的 21 个指标与现行国家标准中的品牌强度评价指标进行比对，各指标与现行国家标准中指标的对应关系可以分为以下三种。

第一种是完整保留指标，共 6 个。国家级、省级等产品质量监督抽查情况，研发投入占比，品牌忠诚度，顾客满意度，品牌知名度，品牌历史这 6 个指标被完整保留下来。

第二种是基本平移自现行指标，共 8 个。

"企业信用"是在现行国家标准中的"质量信用情况"的基础上，包括"商务信用"和"金融信用"在内的一个考查范围更广的新指标。

"百万产值发明专利数"源自原有指标"拥有专利数量与销售额比重"，与原有指标评价单位产值内的专利数量不同的是，新指标考察了单位产值内的发明专利数，聚焦于科技含金量更高的发明专利数量，能更为准确地反映出品牌的技术创新能力及水平。

"员工投入占比"、"环境保护投入占比"以及"社会公益投入占比"源自原有指标"履行社会责任及发布社会责任报告等情况"，由于并非所有企业都发布社会责任报告，上市公司一般会在年报中披露员工投入、环境保护投入及社会公益投入这三方面内容，因此第三方评价可以从员工福利、环境保护及社会公益三方面入手，开展对社会责任履行情况的评价。

"国内市场占有率"是对原有指标"企业在行业中的领导地位"的进一步具化,使得不同品牌之间的比较更容易量化开展。

与"国内市场占有率"指标相类似的是,"海外销售收入占比"是对"国际市场开拓情况"的进一步具化。

以选取原则为基准,本着经济、有效的目的,"注册商标数量"是对原有指标所考察的"获得驰名商标、(省级)中国名牌、中华老字号等称号情况"范围的进一步扩大化。

第三种是转换考察视角后增加的指标,共7个。

由于原有考察质量先进性中,"质量管理水平""质量安全状况""进出口分级分类情况""质量保障能力""企业标准体系建设情况""执行标准先进性"这6个指标是从企业的角度对其质量先进性基础建设的一种考察,在第三方评价时难以获取相关的数据,因此选用顾客视角的"顾客感知质量"、第三方组织视角的"质量奖励"这些结果环节指标来对无法获取数据的中间环节指标进行考察。

从数据可获取性的原则出发,增加了"研发人员占比"指标,作为考察创新能力的补充指标。

在衡量客户关系中,增加的"投诉解决率"可以在一定程度上反映品牌与顾客间相互关系的建立与维护过程,也能够从侧面反映出企业对顾客投诉的重视及响应程度,还能够在某种角度上反映出顾客的售后体验。

此外，还增加了三个能够体现出企业财务方面运行的指标："总资产"是考察企业规模和体量的一个指标，即品牌总体实力的一种反映；"净利润"是考察企业盈利能力的一个指标，一定程度上反映出品牌能为企业带来的财务收益；"市盈率"是从资本市场投资人的角度，考察企业经营业绩、是否具有投资价值的一项指标。具体对应关系如表3.17所示。

表3.17 两套指标间的对应关系

GB/T 29188—2012			第三方评价指标
一级指标	二级指标	对应说明	具体指标
质量先进性	质量管理水平	数据不易获取，只能从其他利益相关者的角度来进行评价：①顾客角度，顾客对企业产品、品牌的质量感知；②政府、第三方组织对企业产品、品牌的认可	①顾客感知质量 ②质量奖励
	质量安全状况		
	进出口分级分类情况		
	质量保障能力		
	企业标准体系建设情况		
	执行标准先进性		
	质量信用情况	扩大化平移	企业信用（质量、商业、金融）
	国家级、省级等产品质量监督抽查情况	完整保留	国家级、省级等产品质量监督抽查情况

续表

一级指标	二级指标	对应说明	具体指标
创新能力	创新能力总体水平	指标较为抽象，数据不易获取	—
	拥有专利数量与销售额比重	基本平移，在衡量科技创新方面，发明专利含金量更高，故改成发明专利数量	百万产值发明专利数
	研发投入占比	完整保留	研发投入占比
		从四原则出发，增加一项指标作为衡量创新能力的补充	研发人员占比
品牌管理	广告、维护等品牌建设经费投入	数据难以获取	—
	品牌管理机构与专职人员设置		—
	履行社会责任及发布社会责任报告等情况	缩小化平移，由于并非所有企业都发布社会责任报告，上市公司一般会在年报中披露员工投入、环境保护投入及社会公益投入这三方面内容，因此从员工福利、环境保护及社会公益三方面对社会责任履行情况进行评价	①员工投入占比 ②环境保护投入占比 ③社会公益投入占比
客户关系	品牌形象	指标较为抽象，数据难以获取	—
	顾客满意度	完整保留	顾客满意度
	品牌忠诚度	完整保留	品牌忠诚度
		从四原则出发，增加一项指标作为衡量品牌在维护客户关系方面的补充	投诉解决率

续表

一级指标	二级指标	对应说明	具体指标
市场地位	企业在行业中的领导地位	基本平移，采用国内市场占有率这一更为具化的指标来进行评价	国内市场占有率
	品牌知名度	完整保留	品牌知名度
	国际市场开拓情况	平移，采用更为具体的海外销售收入进行评价	海外销售收入占比
	品牌历史	完整保留	品牌历史
法律权益	是否属于国家鼓励类产业	数据难以获取及量化	—
	参与地方、行业、国家、国际标准制定情况	数据难以获取、量化及评判	—
	获得驰名商标、（省级）中国名牌、中华老字号等称号情况	扩大化平移	商标数量
	获得地理标志产品、原产地证书等情况	数据难以获取、量化及评判	—
	是否属于知名品牌创建示范区	数据难以获取、量化及评判	—
	知识产权受保护情况	数据难以获取、量化及评判	—
	传统知识、遗传资源等	数据难以获取、量化及评判	—
		此外，增加了三个衡量品牌财务方面表现的指标	①净利润 ②市盈率 ③总资产

3.4.4 评价指标的聚类整合

在第三方评价指标已基本选定的基础上,为了将考察品牌相似特性的指标整合在一起,需对指标进行聚类,将衡量品牌特定属性的指标聚集为一簇,形成第三方品牌价值评价的核心性指标层。

3.4.4.1 K-means 算法

(1) 算法简介

K-means 算法是聚类分析中一种基于距离计算的聚类方法。该方法以样本间的欧氏距离作为区分样本类别的测量尺度,并被广泛应用于模式识别、入侵检测等领域。

K-means 算法以各个类别内的所有数据样本的均值为该类别的中心点,将样本到类别中心点的距离作为判断该样本所属类别的标准,进而将样本划分到距离最短的类别中。通过迭代,不断矫正类别中心和样本的分类情况,最终使得所有类别的类内误差平方和达到最小,各个类别内样本相似度很高,但各个类别间却又相互独立,以获得最佳的分类结果。假设给定数据集 G,所有数据样本的类别情况未知,继而假定该数据集包含 k 个类别 C_1, C_2, $\cdots$, C_k,迭代次数为 m,则各类别在 m 次迭代后的中心点分别为 Z_1^m, Z_2^m, $\cdots$, Z_k^m。选欧氏距离作为距离度量尺度,则:

$$J_m = \sum_{j=1}^{k} \sum_{X \in C_j} \| X - Z_j^m \|^2 \qquad (3.1)$$

(2) 算法步骤

透过上述算法原理简介，可以发现 K-means 算法具有两个优点：第一，易于理解；第二，数据集不同或分离时能给出最佳答案。但是，该算法也存在一些局限性：第一，聚类质心必须在开始前就明确指定；第二，数据必须独立，若重叠则不能解析出两个类别；第三，无法处理噪声数据、异常值及非线性数据集。

K-means 算法具有如下属性：第一，满足 k 个类别；第二，每类别中至少有一个项目；第三，类别不重叠，是平层关系；第四，类别成员比其他任何类别更靠近其中心点。

该算法的过程就是一个不断迭代的过程，具体实现步骤如下，实现原理如图 3.1 所示。

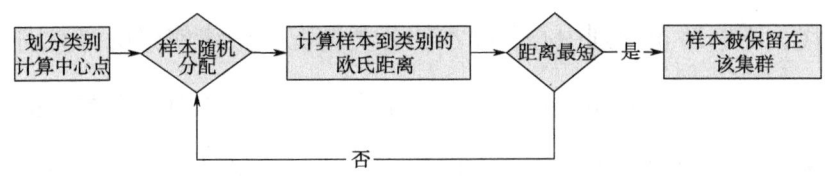

图 3.1　K-means 算法原理示意图

步骤一：确定初始类别中心，根据先验知识或主观经验，确定数据集中的样本存在 k 个类别，其他样本随机分配到 k 个类别中，求类别中心点 $Z_1^1, Z_2^1, \cdots, Z_k^1$。

步骤二：对于每个样本，计算从样本 x_i ($i=1, 2, \cdots, n$) 到每个类别中心点 Z 的欧氏距离 $D(x_i, Z_k)$。

步骤三：如果样本最接近其自己的类别，即满足 $D(x_i, Z) = \min\{D(x_i, Z_j)\}$ ($i=1, 2, \cdots, n; j=1, 2, \cdots, k$)，则将其保留在它所在的位置；否则将会被移动至其他最接近的类别，类别重新计算中心点 $Z_1^2, Z_2^2, \cdots, Z_k^2$。

其中，计算样本到类别中心点的距离，不断迭代，并计算出聚类准则 J_m，由于该步骤中求各聚类簇的中心点是要分别计算出 k 个类别中的样本均值向量，所以也称为 K-means 算法。

步骤四：重复上述步骤，并计算 J 值，若 $|J_m - J_{m-1}| < \xi$，则算法终止；否则 $m = m+1$，返回至步骤二。

3.4.4.2 评价指标的聚类

利用 K-means 聚类算法的步骤，设计出第三方评价指标进行聚类的具体步骤，具体如下：

步骤一：根据多周期超额收益法，目前已涉及质量先进性、创新能力、品牌管理、客户关系、市场地位、法律权益 6 个类别以及新增加的财务表现 1 个类别，将指标随机分配到上述共 7 个类别中，根据指标数据，求出中心点 Z_1^1、Z_2^1、Z_3^1、Z_4^1、Z_5^1、Z_6^1、Z_7^1。

步骤二：计算每个指标到每个类别中心点的欧氏距离，并在此基础上计算各指标到中心点 Z 的欧氏距离 D。

步骤三：若指标到中心点满足欧氏距离最小，则将该指标划归入该类别中；若距离在迭代后有改进，则将该指标移到其他类别中，重新计算类别中心点 Z_1^2、Z_2^2、Z_3^2、Z_4^2、Z_5^2、Z_6^2、Z_7^2。

步骤四：重复上述步骤，直至迭代结束，所有指标归位。

经过对各指标聚类中心的计算，聚类过程如下：

顾客感知质量，质量奖励，以及国家级、省级等产品质量监督抽查情况三组指标划分到一簇，即质量先进性类别。但是，由于我们对企业产品质量的评价已经从传统的企业视角转变为顾客、第三方机构的视角，因此，类别名称沿用质量先进性的做法并不合适，该类别名称改为质量。

研发投入占比、研发人员占比以及百万产值发明专利数划分为一簇，即技术创新。

国内市场占有率、海外销售收入占比划分为一簇，即市场影响。

净利润、市盈率和总资产划为一簇，即财务表现。

顾客满意度、投诉解决率划分为一簇，即客户关系，也可称其为服务。

但是，其余的8个指标在对7个类别的欧氏距离计算及迭代的表现中一直不理想，因此，考虑对剩余的品牌管理、法律权益类别的划分是否合理。

首先，对剩余的 8 个指标进行分析，品牌知名度、品牌忠诚度、品牌历史、商标数量、员工投入、环境保护投入、社会公益投入、企业信用这 8 个指标，表面上难以看出各指标之间的内在联系，所以，在原有剩余的 2 个类别的基础上，先假设存在 3 个类别，暂时命名为 A、B、C。

其次，重复上述算法步骤后，发现品牌知名度、品牌忠诚度两个指标可以划分为一簇，品牌历史和商标数量可以划分为一簇，员工投入占比、环境保护投入占比和社会公益投入占比可以划分为一簇。

最后，经过与课题组内成员讨论，将上述三个类别的名称分别定为：

顾客认知，包括品牌知名度和品牌忠诚度。由于品牌知名度和忠诚度分别基于顾客对品牌的熟悉和信赖所产生，所以将二者统称为顾客认知。

品牌保护，包括品牌历史和商标数量。一个品牌保护得好，才能存续时间长甚至拥有悠久的历史，而商标数量是品牌通过法律途径保护自身的一种体现，因此，将上述两个指标统称为品牌保护。

责任与信用，包括员工投入占比、环境保护投入占比、社会公益投入占比和企业信用，这一划分浅显易懂，此处不再赘述。

综上所述，可形成第三方评价的指标层级结构，如表3.18所示。

表 3.18 第三方评价指标层级结构及评价内容

核心指标	扩展指标	评价内容
质量	顾客感知质量	有使用体验的顾客对企业产品质量的感觉和认知
	质量奖励	品牌所获得的全球质量奖，中国质量奖，省级、市级质量奖等奖励情况
	国家级、省级等产品质量监督抽查情况	企业产品在国家级、省级等产品质量监督抽查工作中的合格情况
技术创新	研发投入占比	品牌研发投入占销售收入的比重
	研发人员占比	企业本年度内研发人员占员工总人数的比重
	百万产值发明专利数	品牌在被评价年内每百万产值所对应的发明专利数量
服务	顾客满意度	顾客在被评价年内对企业产品的消费感受与自身心理预期的对比
	投诉解决率	企业本年度内应对与解决顾客投诉的数量与总投诉数量的比率
顾客认知	品牌知名度	给定产品种类时，品牌在潜在顾客群体中能够被提及的程度
	品牌忠诚度	顾客在购买决策中表现出的对某品牌偏爱的行为反应
品牌保护	品牌历史	企业截至被评价年的最后一个工作日时的存续时长
	商标数量	截至被评价年的最后一个工作日，企业所拥有的有效注册商标数量

续表

核心指标	扩展指标	评价内容
责任与信用	社会责任（员工投入占比、环境保护投入占比、社会公益投入占比）	企业本年度内在员工培训、福利、环境保护、社会捐款、扶贫等公益方面的投入占销售收入的比重
	企业信用	企业在质量、工商及金融方面由第三方机构所评价的信用等级情况
市场影响	国内市场占有率	企业主营产品在国内市场同类产品中所占的比重
	海外销售收入占比	企业在海外市场中的销售收入占总销售收入的比重
财务表现	净利润	品牌在被评价年的净利润
	市盈率	待评价企业在被评价年的最后一个交易日的每股市场价格与每股收益的比率
	总资产	企业在被评价年的资产负债表中的"资产总计"金额

3.4.5 评价指标的信效度分析

为了进一步检验所选取的评价指标作为品牌强度反映的可靠性和准确性，还需对评价指标进行信、效度分析。

3.4.5.1 评价指标的内部一致性分析

统计上用 Cronbacha alpha 系数来检验一组题目是否测量同一特质，取值范围在 0~1，1 表示这组题目完全符合"尺"的特性，而 0 表示完全不符合。一般认为 alpha 系数高于 0.5 时，题目的内部一致性就可以接受。表 3.19 是评价全部指标间的内部一致性系数。

表3.19 全部指标间的内部一致性系数

Cronbacha alpha	项数
0.792	21

21项指标与总体之间的内部一致性系数为0.792,说明各指标对品牌强度的反映较为一致。随后,对各个核心指标的内部一致性进行检验,结果如表3.20所示。

表3.20 各核心指标内部一致性检验

核心指标	Cronbacha alpha	项数
质量	0.723	3
技术创新	0.579	3
服务	0.556	2
顾客认知	0.881	2
品牌保护	0.792	2
责任与信用	0.820	4
市场影响	0.764	2
财务表现	0.650	3

由上表可知,各核心指标的内部一致性检验结果也都在可接受的范围内,因此,品牌强度的评价指标体系具有较高的内部一致性,各核心指标内同样也具有良好的可靠性。

3.4.5.2 评价指标的效度分析

采用回归分析来检验品牌强度评价指标体系的效度。通过线性回归,选择前向逐步的方法建立回归模型,发现8个核心指标可以解释品牌强度的 83.5%，如图 3.2 所示，达到可接受水平。

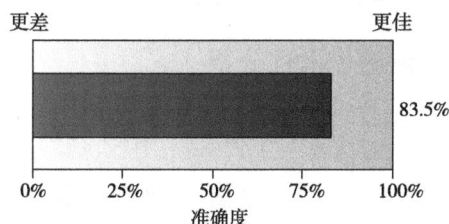

图 3.2 评价指标的效度分析

结果表明：第三方品牌评价指标具有较高的效度。

综上所述，通过信效度分析，对第三方品牌评价指标的分析结果与最初指标选择时的构想相吻合，具有较高的可靠性和准确性。

3.4.6 评价指标的权重体系研究

目前对品牌价值评价的众多方法或技术中，评价指标权重的大小直接影响了综合评价的结果，即品牌价值的高低，因此，如何对品牌价值评价指标体系中各指标进度权重进行确定是品牌价值评价的关键问题之一，也是难点之一。

常用的权重确定方法有专家打分法、层次分析法、主成分分析法、神经网络法等。上述各权重确定的方法各具优缺点，大体上可以被划归为两类：一是基于统计方法的客观赋值法；二是基于专家分析的主观赋值法。前者以统计数据为依据，注重客观事实，但缺乏理论指导；后者以专家分析为依据，注重主观意识，但受个体意识制约，缺乏客观性。

3.4.6.1 德尔菲法的优劣性分析

现行国家标准中，对评价指标的强度系数的确定，主要采用的是德尔菲法。其过程可以简单地表示为匿名征求专家意见—归纳、统计—匿名反馈—归纳、统计……若干轮后停止。因此，该方法是一个集体匿名思想交流的过程，具有匿名、多次反馈及小组统计回答的特点，具有以下优点：

第一，充分发挥专家的作用，集思广益，准确性高；

第二，能把专家分歧点表现出来。

但是，该方法具有以下缺点：

第一，权威人士的意见容易影响他人意见，存在组织者主观影响；

第二，某些专家碍于情面，不愿当众发表与他人不同的意见；

第三，缺少思想交流，存在一定主观片面性；

第四，易忽视少数人意见，导致预测结果偏离实际。

3.4.6.2 变异系数法

变异系数作为衡量数据中各观测值变异程度的统计量，其消除量纲的特性使其在对多组数据进行比较时具有其他方法无法比拟的客观性。当进行两个或多个变量变异程度的比较时，如果度量单位和平均数相同，可以直接采用标准差进行比较。如果它们的测量尺度不同或量纲不同，那么必须在消除测量尺度或量纲的影响后才能进行客观比较，此时就需要用到变异系数了。

由于受到经济、政策倾斜、行业发展外部环境等多种变数的影响，各评价指标对价值强度的贡献程度并非固定不变，而是随着时间的变化、行业的不同而呈现出灵活的特点。针对于此，本书主要采用变异系数法、归一化等技术方法，结合行业属性、品牌类型的特点和差异，测量出各个指标对品牌价值的贡献强度，形成合理、客观的品牌价值指标强度体系。

采用式（3.2）计算各指标的变异系数 θ：

$$\theta_f = \frac{\sigma_j}{\bar{x}_j}, \ j = 1, 2, \cdots, n \qquad (3.2)$$

再对变异系数进行归一化处理，得到评价指标的权重：

$$w_{ij} = \frac{\theta_{ij}}{\sum_{j=1}^{n} \theta_{ij}}, \ j = 1, 2, \cdots, n \quad (3.3)$$

采用变异系数法，利用上述公式，根据被评价品牌在评价年所表现出的差异来确定该指标的权重，被评价品牌在某一指标上表现的差异大即该指标的权重大。分行业识别出区别于一般品牌的重要评价指标特征，在客观和科学性方面都要优于传统的人为确定方法。但该方法也具有一个较大的弊端，即每年的指标权重都随客观数据的变化而变化，这样必然会导致计算量增大，进而导致人工成本的增加。

因此，本书针对评价指标权重随时间表现的灵活性以及各项指标对各行业品牌价值的影响程度不同的特点，将德尔菲法与变异系数法两种方法相结合，先采用变异系数法，以统计数据为基础，再邀请行业专家发挥主观能动性，对所得的权重指标体系进行修正，避免不合理现象的出现。

3.5　第三方品牌价值评价数据采集方案

在第三方评价指标和数据采集总体方案都明确的基础上，形成第三方品牌价值评价数据采集的具体方案，如表3.21所示。

表 3.21　第三方品牌价值评价数据采集方案

方案	渠道		指标
"企业自身数据+第三方机构"数据	企业自身数据	企业官网、巨潮资讯网	净利润、总资产
			员工投入占比、环境保护投入占比、社会公益投入占比、研发投入占比、研发人员占比
			国内市场占有率、海外销售收入占比
	第三方机构数据	沪深两市交易所官网	市盈率、品牌历史
		商务部商务信用信息交换共享平台、中国执行信息公开网、质量信用报告、元素征信公司	企业信用、商标数量
		各地区市场监督管理局官网	质量奖励，国家级、省级等产品质量监督抽查情况（减分项）
		国家知识产权局	百万产值发明专利数
		12315 投诉数据	投诉解决率
		CCSI	品牌知名度、品牌忠诚度、顾客感知质量、顾客满意度

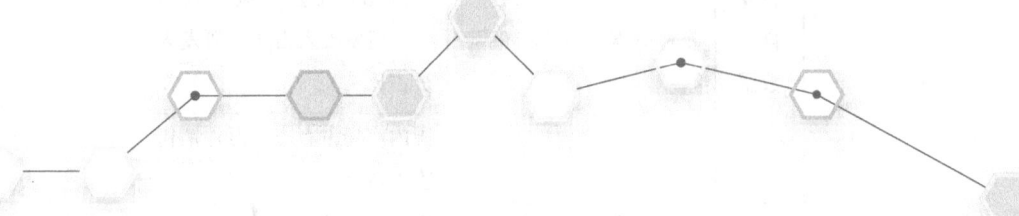

4 第三方品牌价值测算方法研究

本章在评价指标体系构建的基础上,基于我国评价工作开展的现状及所表现出的特点,对国际标准《品牌评估 品牌货币价值评估要求》(ISO 10668)中所涉及的各评价途经下的测算方法在我国评价工作中的适应性展开研究,不仅对多周期超额收益法与第三方评价指标进行了对接性研究,还针对多周期超额收益法使用时的限制性开发出了经验市值法模型,进一步完善我国品牌价值测算体系。具体研究内容如下。

4.1 各测算方法对我国评价工作的适用性研究

根据 ISO 10668 中所涉及的各测算方法特点,结合我国评价工作的实际情况,对各方法的优劣性、适用性及可行性进行了分析。

4.1.1 收入法

收入法是财务管理中用来评估品牌价值的最常用方法。该方法通过参考品牌在剩余的有效经济寿命期内预期收到的经济利益的现值来测量品牌价值。该方法的关键就在于确定企业未来收益中可以归因于品牌的现金收益或成本结余所占的比例。

4.1.1.1 现金流的确定

根据确定这一比例的具体方法不同,收入法又可以分为以下几种具体计算方法。

(1) 溢价法

溢价法通过参考品牌产生的溢价计算品牌的价值。将具有品牌的货物或服务收取的价格与一般产品(即无品牌产品)的价格进行比较,品牌产品价格高于一般产品的部分即为品牌溢价。需要注意的是,为了识别出可归因于品牌的额外现金流,评价人员应分辨和剔除所评价的产品或服务中可能为品牌所有者带来较高评价的非品牌因素。为了获取溢价所发生的额外和附加的成本,应从收取的溢价中扣除。

在许多行业,很难识别可与被评价品牌相比的无品牌或一般品牌产品,可以参考市场上品牌强度最弱的品牌来估计溢价。

使用溢价法时应考虑与溢量法结合使用，并且考虑成本节约带来的收益。

(2) 溢量法

溢量法根据品牌产生的销售量的增加来估算品牌价值。可以采用溢量法确定品牌产生的现金流。在这种方法里，由于销售量增加产生的额外现金流应根据对市场份额的分析来确定。品牌产生的额外现金流是与超额市场份额相关的经营性现金收益。

评价应注意可能存在其他影响特定市场份额的因素。市场不完善是这类因素中非常重要的一种。当评价一个有显著市场地位的品牌时，应识别所有市场不完善因素对现金流的影响，并将其从归属于品牌的现金流中扣除。与溢价法一样，使用溢量法时应考虑为保持较大市场份额或快速扩大市场份额所发生的额外成本。

使用溢量法时应考虑与溢价法结合使用，并且考虑成本节约带来的收益。

(3) 收入分割法

收入分割法又称收益分成法，通过评估经济收益中归因于品牌的现值来评估品牌价值。经济收益对应扣除以市场价值计量的企业资本要求的资金成本后的净经营收益。品牌价值相当于品牌剩余有效经济寿命期内的那部分经济利润的现值。用行为分析结果来识别品牌对收入增加或成本减少的贡献。

(4) 多周期超额收益法

多周期超额收益法应计算扣除经营企业需要的所有其他资产的回报后的未来剩余现金流的现值来评价品牌价值。当企业内存在几种可以产生现金流的无形资产时,为了能够计算其他各项无形资产的资本成本,本方法要求评估每项无形资产的价值。

(5) 增量现金流法

增量现金流法应通过与没有同样品牌的可比企业比较后,识别企业品牌所产生的现金流。在实践中,能够找到经营状况相似又没有品牌这一特殊资产的情形极少。现金流不仅可以通过增加收益产生,还可以通过降低成本产生。在评价品牌时应识别并考虑这种成本效率。

(6) 许可使用费免除法

为了确定品牌产生的现金流,可以采用许可使用费免除法。本方法以不拥有品牌而是许可使用品牌为假设,将未来预期的许可使用费的现值作为品牌价值。应用许可使用费免除法计算得到的评估值就是通过拥有这个品牌节省的许可使用费的现值。

在确定许可使用费率时,应深入分析可比品牌许可协议中的可用数据,以及许可方与被许可方之间的适当的品牌收益分成率,并尽可能接近与被评价品牌具有同样特征和规模的其他品牌的许可使用费率。

4.1.1.2 财务变量的确定

(1) 折现率的确定

在收入途径下,没有在未来现金流中反映出来的风险应在折现率中予以考虑。

用以折现归属于品牌的未来现金流的折现率,应由企业整体现金流的折现率,如加权平均资本成本(weighted average cost of capital,WACC)推导获得。由于企业是资产和负债的投资组合,因此品牌现金流折现率也应反映该品牌的特有风险。

如果在现金流预测或在品牌估计经济寿命中没有明确考虑某些企业特定因素,则应在折现率中予以考虑。这些因素包括但不限于市场、行为和法律风险。

(2) 有效经济寿命

采用收入途径时,品牌的有效经济寿命[①]应参考被评价品牌所在行业中的品牌经济寿命的一般趋势。

---

① 品牌的有效经济寿命可能是无限期的。

所评价的品牌价值不应包括超出品牌剩余有效经济寿命期外的价值。

(3) 税收因素

收入途径中，现金流应采用税后口径。

评价品牌价值时，应考虑折旧（摊销的所产生的节税效应，必要时可计算出来。如果品牌价值包括节税价值，评价报告应明确说明，并且在适当的情况下将其单独披露）。

(4) 长期增长率

在收入途径下，超出明确预测期的期间应当用长期预期增长率评价。所使用的长期增长率应建立在合理的经济规律之上。

4.1.2 成本法

成本法是指根据企业在建立品牌、替换品牌或者复制品牌时所投入的成本来测量品牌价值的方法。运用该方法时有一个基本的前提假设，即投资者对品牌的投入不会多于更换或复制品牌的成本。同时需要注意的是，企业建立和管理品牌所投入的成本未必与品牌价值之间存在必然的正相关关系。因此，成本法通常可用于检验其他评价方法结果的一致性和合理性。

成本法主要包括重置成本法和剩余法，下面对两种方法在我国品牌价值评价中的适用性进行分析。

4.1.2.1 重置成本法

重置成本法依据品牌形成过程中所需投入的各种成本费用的重置价值确认品牌价值，能够从品牌持有者投入要素角度反映品牌形成过程中所耗费的社会必要劳动，反映的是品牌的投入要素价值，为品牌建立和培育提供参考。

该方法的数据来源于历史信息，不考虑品牌未来的发展趋势，评价结果相对较低，对于评价所需历史数据的完整性、准确性要求很高。

该方法对于不同评价目的的适用性表现不同，具体如下。

（1）品牌排名评价

评价特点：对评价结果的精确度要求不高，更加看重相对比较价值。

适用性：根据重置成本价值高低排序可以得到品牌排名，在以品牌排名为评估目的的品牌价值评价中，可以使用重置成本法作为评价途径。

适用条件：要求所有参与排名评价的品牌主体历史数据均能够准确、完整地取得，历史资料能够充分保留。

（2）品牌价值量化评价

评价特点：对评价结果的精确度要求高，更加看重绝对价值，过程相对细致，投入成本大。

适用性：在货币价值评价为目的的品牌价值评价中，可以使用重置成本法作为评价途径。

适用条件：涉及不同利益主体权益变动的品牌价值评估，要求能够准确、完整的取得品牌主体历史数据，历史资料能够充分保留。

4.1.2.2 剩余法

剩余法是指在已知评价主体整体市场价值的情况下，以评价主体市场价值扣除可辨认与品牌无关的资产公允价值后剩余的价值。剩余法是一种评价品牌价值的间接方法，即在已知评价主体整体市场价值的情况下对品牌评价主体价值做减法，将识别出的与品牌价值无关的资产价值剔除后剩余的价值即为评价价值。

评价结果立足于评价主体的市场价值，评价结果相对较高，在对与品牌价值无关的资产进行识别时，如果不充分，容易高估品牌价值。该方法对公开市场能够取得的资料完整性要求很高。

该方法对于不同评价目的的适用性表现具体如下。

（1）品牌排名评价

评价特点：对评价结果的精确度要求不高，更加看重相对比较价值。

适用性：根据剩余法价值结果高低排序可以得到品牌排

名,在以企业品牌排名为评估目的的品牌价值评价中,可以使用剩余法作为评价途径,在区域品牌、产品品牌排名中不适用此路径。

适用条件:要求所有参与排名评价的品牌主体的整体市场价值、与品牌无关的资产公允价值能够公开获取,评价难度较大,评价成本较高。

(2) 品牌价值量化评价

评价特点:对评价结果的精确度要求高,更加看重绝对价值,过程相对细致。

适用性:在货币价值评价为目的的品牌价值评价中,可以使用剩余法作为评价途径。

适用条件:品牌主体的整体市场价值、与品牌无关的资产公允价值能够公开获取,评价难度较大,评价成本较高。

4.1.3 市场法

市场法依据市场上其他购买者为被合理地认为与接受评价的资产类似的资产所支付的价格测算品牌价值。

采用市场法的结果是假设被评估品牌被出售时预计实现的合理价格估计。宜收集可比品牌成交价格的相关数据,并进行市场调整以补偿其他资产与被评价品牌之间的差别。对于所选择的可比对象,应以收购价格为基础进行计算价值乘数。这些乘数将应用到被评价品牌的合计中。

采用市场法时，作为可比的品牌应具有与被评价品牌相似的特性，如品牌强度、商品和服务、经济和法律状况。为保证可比性，交易应在进行评估的合理期限内完成。评价应考虑独立各方在交易中所做的实际议价可能反映了当前持有人所不能实现的战略价值和协同效应。

就目前的研究情况来看，采用市场法对品牌进行评价时存在可比案例难以查找和参数难以确定等困难。一方面，国内外将品牌作为独立资产进行交易的相关案例仍然很少，且即使有，也存在交易的品牌与被评价的品牌在目的、交易时间、品牌特性等方面显著不同，难以进行比较调整；另一方面，以评价排序为目的的品牌评价研究与以市场交易为目的评估存在较大差异。因此，不能直接套用以交易为目的的市场法模型。

基于以上多方因素的考虑，我们认为以品牌价值评价排序为目的的市场途径可修改为品牌评价的比较途径（比较法），描述为：比较途径是将评价对象与可比品牌评价价值进行比较，确定评价对象品牌的价值的评价方法。

4.1.4 小结

通过上述对三种测算方法的分析，可将各方法适用性总结在表4.1中。

表4.1 各途径方法适用性分析

方法	具体情景	评价目的		评价对象		
		品牌排名	价值量化	区域品牌	企业品牌	产品品牌
收入法	溢价法 溢量法 收入分割法 多周期超额收益法 增量现金流法 许可费免除法	适用	适用	不适用	适用	适用推荐
成本法	重置成本法	适用，对所有参与排名对象历史资料完整准确性要求很高，需投入人力成本高	适用	不适用	适用推荐	适用，要求单项产品的要素投入单独量化核算，资料获取难度较大
成本法	剩余法	适用，对所有参与排名对象资料完整准确性要求很高，需投入人力成本高	适用	不适用	适用，要求公开途径获取整体市场价值数据，具有一定难度	不适用
市场法	比较法	适用，尽量减少调整因素，选择最小类别相同的品牌	适用	适用	适用推荐	不适用

4.2 品牌强度值的计算

4.2.1 相对偏差矩阵

相对偏差是指绝对偏差与观测值平均值之比,即:

相对偏差=[(单次测定值-平均值)/平均值]×100%

将某行业内被评价品牌的观测值组成矩阵,并选取矩阵每列的最小数值组成比较值向量,再通过相对偏差计算出每个品牌在各个指标上的相对偏差,并组成新的矩阵,即相对偏差矩阵。

该矩阵不仅可以对某特定时间的被评价企业在行业内所处的地位、状态进行粗略的描述,更为重要的是,可以得出企业之间相比较的结果,以便于在此结果之上的进一步管理咨询或者企业自查。

4.2.2 确定各指标的相对偏差

假设某行业共有 m 个评价指标,现该行业共有 n 个企业参评,则观测值汇总矩阵为:

$$A = \begin{bmatrix} a_{11} & a_{12} & \cdots & a_{1n} \\ a_{21} & a_{22} & \cdots & a_{2n} \\ \vdots & \vdots & & \vdots \\ a_{m1} & a_{m2} & \cdots & a_{mn} \end{bmatrix} \qquad (4.1)$$

矩阵中的 a_{ij} 表示第 j 例品牌数据中关于第 i 项评价指标的值，向量 $\boldsymbol{a}_j = (a_{1j}, a_{2j}, \cdots, a_{mj})^{\mathrm{T}}$ 表示第 j 例数据关于 m 项评价指标的向量。采用变异系数法来确定各项评价指标的权重，计算步骤包含如下。

首先，计算各指标的变异系数 θ：

$$\theta_i = \frac{\sigma_i}{\bar{x}_i}, \ i = 1, 2, \cdots, m \qquad (4.2)$$

式中，$\bar{x}_i$ 和 σ_i 分别表示第 i 项评价指标的平均值和标准差。

如果该项评价指标的标准差与平均数之间的比值越大，即变异系数越大，则说明不同企业在该项评价指标上表现出的差异越大，因此，该项评价指标应该赋予较高的权重；反之，如果变异系数较小，则企业表现差异较小，权重也相应较小。

其次，对变异系数 θ 进行归一化处理，得到各项评价指标的权重：

$$w_i = \frac{\theta_i}{\sum_{i=1}^{m} \theta_i}, \ i = 1, 2, \cdots, m \qquad (4.3)$$

由于品牌是个相对概念，是有品牌附加值的产品比无品牌附加值的产品具有盈利优势，因此，选取参评企业中各项评价指标中观测值最低的数值作为比较值。

比较值记作：

$$z = (z_1^0, z_2^0, \cdots, z_i^0, \cdots z_m^0), \ i = 1, 2, \cdots, m \quad (4.4)$$

根据各品牌的各项评价指标数据，结合上述选定的比较值建立相对偏差模糊矩阵 B：

$$B = \begin{bmatrix} b_{11} & b_{12} & \cdots & b_{1n} \\ b_{21} & b_{22} & \cdots & b_{2n} \\ \vdots & \vdots & & \vdots \\ b_{m1} & a_{m2} & \cdots & a_{mn} \end{bmatrix} \quad (4.5)$$

其中，b_{ij} 依据如下方法计算可得：

$$b_{ij} = \frac{a_{ij} - z_i^0}{\max\{a_{ij}\} - z_i^0}, \ i = 1, 2, \cdots, m \quad (4.6)$$

由此可得品牌强度值：

$$B_j = \frac{\sum_{i=1}^m \omega_i b_{ij}}{m} \times 100 \quad (4.7)$$

4.3 对多周期超额收益法的探索式改进

由于多周期超额收益法中有关品牌强度的评价指标并不适用于进行第三方评价，因此，需要将已确定的第三方评价指标嵌入多周期超额收益法中，对两阶段现金流量折现模型中的品牌强度转换数量关系进行修正，以提高现有模型在第三方评价使用时的适用性。

4.3.1 对原有指标体系下计算品牌强度方法的改进

《品牌价值 多周期超额收益法》（GB/T 29188—2012）规定评价指标权重需"根据国家有关政策规定和当前市场经济情况"进行确定，并未规定具体的权重测算方法。而在实际的品牌强度测算时，评价指标的权重作为推荐性附录资料，由专家赋值法确定。

本小节提出一种通过客观数据明确指标权重体系的方法：引入变异系数，对多周期超额收益法中的品牌评价指标权重体系的计算方法进行探索，并借用相对偏差矩阵的概念，通过计算品牌正向偏差值，实现品牌在各项指标之间的横向比较以及品牌自身在行业内地位的纵向比较。

4.3.1.1 计算原理及步骤

采用本书4.2中所述的变异系数法及相对偏差矩阵，计算出指标的权重及各指标的相对得分，具体步骤如下。

步骤一：对品牌强度数据进行百分化处理。

步骤二：缺失值处理。

步骤三：计算各指标权重。

步骤四：选取比较值。

步骤五：计算正向偏差（品牌强度系数）。

步骤六：按照多周期超额收益法，计算品牌价值。

4.3.1.2 实证检验

为了验证上述理论探索的合理性，选用制造业和金融业下属的 48 个品牌数据对该方法进行了验证，验证结论如下：

采用《品牌价值　多周期超额收益法》中的品牌强度系数指标，选取 2014 年品牌价值评价工作中制造业下属的某行业的 39 家、金融业下属的 9 家共 48 家企业数据，将已有的品牌强度数据统一进行百分化处理，采用上述相对偏差矩阵的方法，对指标权重进行重新计算，下面以制造业下属的某行业为例，其指标权重采用上述方法计算后，结果如表 4.2 所示。

表 4.2　制造业某行业参评企业品牌强度指标权重

评价指标	质量水平	质量信用	质量管理水平	创新机制	创新能力	创新成效	市场开拓能力	市场影响力
$CV(\theta)$	0.072	0.155	0.151	0.142	0.119	0.142	0.139	0.126
w	0.033	0.071	0.069	0.065	0.055	0.065	0.064	0.058
评价指标	服务能力	客户关系	政策与法规	影响力	品牌建设	相关体系建设	企业形象	员工关怀
$CV(\theta)$	0.102	0.085	0.150	0.155	0.150	0.154	0.160	0.177
w	0.047	0.039	0.069	0.071	0.069	0.071	0.073	0.081

根据指标百分化后的观测值及表 4.2 中的权重，可得该行业内所有品牌在各项指标上的得分 T。

随后,选取处理后的各指标中观测值最低的数值,作为比较值:

$$z_0 = (68.42, 48.75, 50, 54, 59.58, 47.61, 50, 57.14, 58.75, 63.33, 52.5, 52.78, 55.34, 50, 50, 50)^T$$

在此基础上,就可以建立相对偏差矩阵,并据此计算品牌的品牌强度系数。表4.3是采用此方法计算后的品牌强度系数、品牌价值及其与2014年评价结果的比较。

表4.3 制造业某行业参评企业品牌正向偏差及品牌价值

品牌	B	BV	BV_{2014}	品牌	B	BV	BV_{2014}
1	0.24	1.85	4.89	21	0.99	32.02	15.73
2	0.49	7.78	8.55	22	0.78	7.45	7.11
3	0.48	3.87	4.55	23	0.45	4.43	7.94
4	0.47	4.44	5.20	24	0.59	3.89	9.64
5	0.43	8.61	12.50	25	0.75	12.57	9.64
6	0.43	6.19	11.15	26	0.85	46.43	43.91
7	0.43	3.20	4.30	27	0.63	18.23	11.29
8	0.17	3.50	11.42	28	0.89	15.25	9.13
19	0.40	2.82	0.54	29	0.98	14.36	9.96
10	0.37	2.13	3.93	30	0.52	32.71	28.08
11	0.68	11.95	11.40	31	0.53	7.05	4.27
12	0.63	3.91	0.38	32	0.37	2.42	5.01
13	0.47	3.79	7.05	33	0.43	3.25	4.83
14	0.67	52.54	58.30	34	0.47	12.21	9.87
15	0.41	60.06	48.66	35	0.28	6.64	22.80
16	0.94	357.09	340.33	36	0.19	2.44	8.52
17	0.85	442.47	385.04	37	0.28	4.06	6.40
18	0.90	434.28	240.83	38	0.28	12.52	10.59
19	0.95	503.17	466.63	39	0.70	10.60	27.75
20	0.71	64.86	43.10				

注:B为品牌正向偏差,BV为品牌价值,BV_{2014}为2014年已发布的品牌价值数值。下同。

品牌正向偏差 B 是用于描述品牌自身整体优势、与同行业内其他品牌进行比较的一个重要参数。有了 B 值，不仅可以对两个品牌的整体情况进行直观的量化和描述，还能将 B 在各个指标上的偏差值进行分析和比较，有助于评价基础上的深度管理咨询和企业的自我剖析。

为了更为直观地描述出采用两种权重体系计算出的品牌价值之间的差异，将两种方法所得的结果用折线图予以表示，如图 4.1 所示。

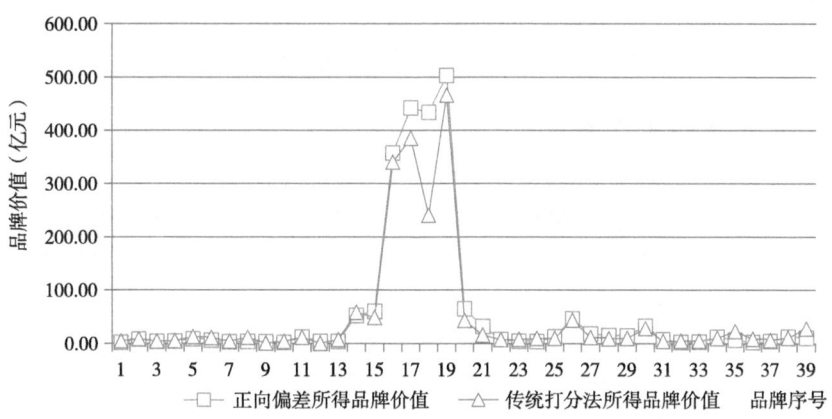

图 4.1　不同品牌强度计算方法下的制造业某行业参评品牌的价值比较

由图 4.1 可以发现，两种权重体系下的品牌价值整体趋势是一致的，但个别企业存在一定程度的差异，这种差异主要表现为：

第一，采用正向偏差法所得的品牌价值高于基于权重专家赋值的原有评价结果，这种差异在20个品牌中有所表现，并且非常直观地体现在图4.1所示的品牌17、18和19；经配对样本t检验后，20个品牌在两种权重体系下的品牌价值间的差异性显著水平$p=0.055$（$t=2.041$），即不存在显著性差异。

第二，采用正向偏差法所得结果低于基于权重专家赋值的原有结果，同样经配对样本t检验后，差异并不显著（$p=0.612$, $t=2.733$）。

同样对金融业下属的9家企业进行分析，所得结果如表4.4及图4.2所示。

表4.4　金融业某行业参评企业品牌正向偏差及品牌价值

品牌	B	BV	BV_{2014}
1	0.10	3.22	6.25
2	0.17	25.78	148.34
3	0.12	6.87	23.57
4	0.15	9.57	8.70
5	0.61	1 452.04	1 444.13
6	0.65	2 198.60	2 067.13
7	0.31	38.72	265.05
8	0.65	1 007.33	1 231.48
9	0.73	2 520.49	2 721.60

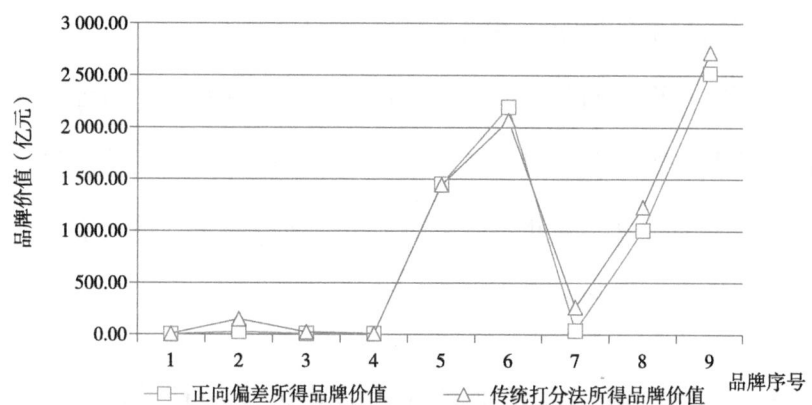

图 4.2 不同品牌强度计算方法下的金融业某行业参评品牌的价值比较

由表 4.4 可以发现,采用正向偏差法时,有 3 个品牌的价值高于原有权重体系下的价值,其余 6 家则是低于原有方法所得结果的。从图 4.2 并不能直观地辨别出两种权重计算方法下的价值之间表现出的差异。经进一步检验后,发现并不存在显著性差异($p=0.122$, $t=-1.729$)。

经过在两个行业内的验证,发现:正向偏差法所得结果与基于专家经验赋值权重法所得结果具有较高的一致性。但两种方法所得结果存在偏高或偏低两种差异。这两种差异出现的原因如下:

首先,专家赋值法存在偏差。由于经济、社会等外部环境的影响,评价品牌价值各指标的重要性在不同的年份表现有所差异,而专家对其意识与数据分析相较而言可能较为滞后,不具备直接数据分析的敏感性。

其次,正向偏差法覆盖范围有限。目前仅在两个行业内对正向偏差法进行了应用,在其他行业内还需进一步对比结论与原有方法的差异,因此,还需继续扩大研究范围,将其覆盖到对各行业参评品牌的价值测算中。

4.3.2 运用第三方评价指标对品牌强度的计算

仍然采用多周期超额收益法,但对品牌强度系数的计算,并不采用申报评价时的指标体系,而是按照第三方评价指标,采用"企业自身数据与第三方机构数据"相结合的数据采集方案,对待评价企业进行数据收集。具体操作如下。

4.3.2.1 计算原理及步骤

采用本书4.2中所述的变异系数法及相对偏差矩阵,计算出指标的权重及各指标的相对得分,具体步骤如下。

步骤一:对品牌强度各指标数据进行 Z-Score 或百分位数化处理。

步骤二:缺失值处理。

步骤三:计算各指标权重。

步骤四:选取比较值。

步骤五:计算正向偏差(品牌强度系数)。

步骤六:按照多周期超额收益法,计算品牌价值。

4.3.2.2 实证检验

无论采用第三方评价指标还是多周期超额收益法中规定的指标,其计算步骤的差异主要表现在步骤一至步骤四,在计算出品牌强度系数后,步骤五的计算方法是一样的。所以,我们只需验证按照两套指标计算出的品牌强度系数是否一致即可。

在 2014 年至 2016 年从参与过品牌价值申报评价的家电行业中,本书选取了上市企业××电器(2014 年至 2016 年)、××股份(2015 年)、××集团(2014 年)、××乐(2016 年),按照第三方评价指标进行数据采集,利用计算步骤一至步骤四计算出品牌强度系数,其结果与申报评价时计算的品牌强度系数比较如表 4.5 所示。

表 4.5 两套指标计算的品牌强度系数比较

上市企业	品牌强度系数 (申报评价)	品牌强度系数 (第三方评价)
××电器(2014 年)	0.66	0.69
××电器(2015 年)	0.65	0.71
××电器(2016 年)	0.63	0.68
××股份(2015 年)	0.78	0.69
××集团(2014 年)	0.67	0.68
××乐(2016 年)	0.71	0.69

经配对样本 t 检验发现,采用两套指标计算的品牌强度

系数值之间并不存在显著性差异（$t = -0.330$，$p = 0.756$）。因此，在两种指标下计算的品牌强度值之间的差异可以忽略不计，在此基础上计算的品牌价值也不存在数量级上的巨大差异。

4.4 第三方测算模型及方法的开发

如前所述，多周期超额收益法无法在品牌净利润为负时对品牌价值进行测算，这一在使用范围上具有的限制无法满足市场中日趋扩大的评价需求。因此，需要开发出适用于第三方独立评价、计算简便并且能与现行多周期超额收益法相辅相成的品牌价值测算模型。

4.4.1 理论模型推演

假设品牌价值是企业收益与品牌强度的函数，其概念模型如式（4.8）所示：

$$BV = f(P \times B_j) \qquad (4.8)$$

式中，P 指企业收益，B_j 为 j 品牌的品牌强度。

企业收益来源于企业财务报表，本书采用销售收入作为企业收益的表现形式；品牌强度转换而来，其得分主要通过第三方评价指标得分的加权和计算获得。具体采用相对偏差矩阵进行计算，可参见本书4.2。

在计算得到品牌强度值 B 的基础上，需要对品牌价值与销售收入、品牌强度两个参数间的数量关系进行明确，选取食品饮料行业40个品牌，按照前述的第三方评价指标核心及拓展体系，进行数据采集。并根据所测算品牌的市值，采用Brand Finance 的经典假设——市值的30%作为品牌的经验价值，运用曲线回归，对理论模型中的 f 进行了表4.6中的模拟。

表4.6 品牌价值与销售收入、品牌强度两个参数之间的拟合关系

方程	R^2	Sig.
线性	0.967	0.000
对数	0.683	0.003
反向	0.264	0.129
二次	0.977	0.000
三次	0.984	0.000
复合	0.718	0.002
幂	0.934	0.000
S	0.608	0.008
增长	0.718	0.002
指数	0.718	0.002
Logistic	0.718	0.002

为了更加清晰地研究上述各拟合关系，将表4.6中的曲线直观地体现在图4.3中。

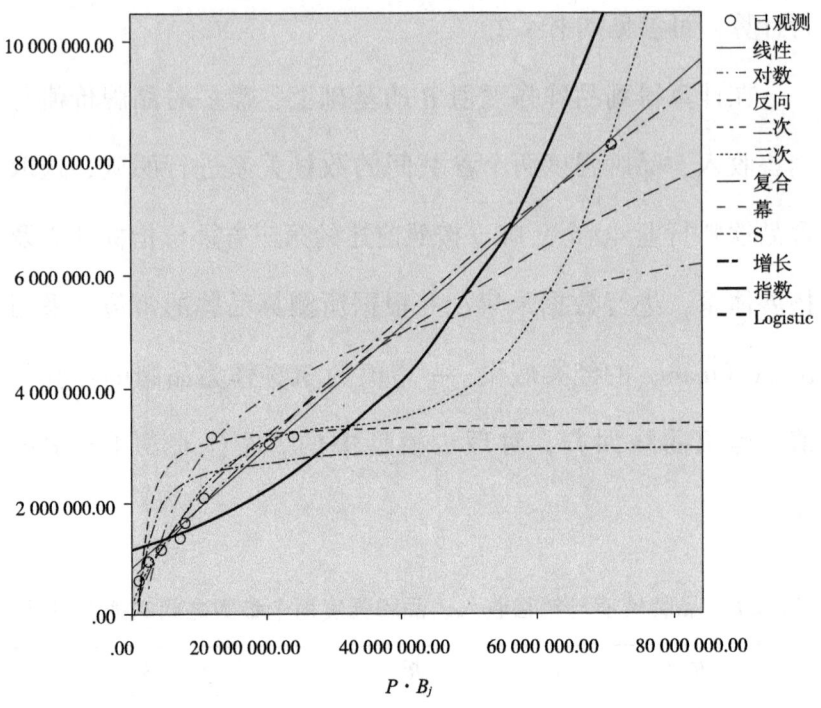

图 4.3 拟合曲线示意图

根据观测值分布，暂选用如下函数来对三个参数之间的数量关系进行描述：

$$BV = \begin{cases} a + b \cdot PB_j + c(P \cdot B_j)^2, P < 1\,000\,000\,000 \\ a' + b'PB_j + c'(P \cdot B_j)^2 + d(P \cdot B_j)^3, \\ \quad 1\,000\,000\,000 < P < 4\,500\,000\,000 \\ a'' - \dfrac{b''}{P \cdot B_j}, P > 4\,500\,000\,000 \end{cases} \quad (4.9)$$

BV、P、B_j 之间的数量关系如图 4.4 所示。

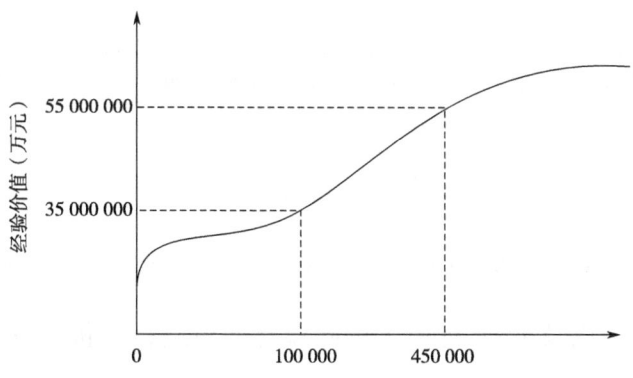

图 4.4　BV、P、B_j 之间的数量关系

4.4.2　模型检验

为了进一步验证上述模型的科学性及合理性，选择食品饮料行业中的 10 个品牌进行了价值试算，所选品牌及原因如表 4.7 所示。

表 4.7　试算品牌及其在 2015 年国际流行榜单中是否出现

品牌名称	BrandZ	Interbrand	WBL
品牌 A	√	√	√
品牌 B	√	√	√
品牌 C	√	√	√
品牌 D	√	√	
品牌 E	√	√	√
品牌 F	√	√	√
品牌 G	√	√	√
品牌 H	√	√	

续表

品牌名称	BrandZ	Interbrand	WBL
品牌 I	√	√	√
品牌 J	√	√	√

由表 4.7 可以发现，该 10 个品牌大体上已被 BrandZ、Interbrand 以及 WBL 这三大国际流行榜单进行过价值评估，我们可以将试算价值与国际榜单测算的价值进行比对，以验证所提方法的合理性及科学性。

由前述中所介绍的权重明确方法，参照相对偏差矩阵计算方法，对所选品牌的品牌强度值进行了计算，计算结果如表 4.8 所示。

表 4.8 品牌强度值及各维度得分

品牌名称	总分	有形资产	质量	技术	服务	无形资产
品牌 A	43.05	77.24	51.31	26.20	55.68	27.63
品牌 B	43.94	50.57	40.10	54.63	44.14	28.25
品牌 C	31.21	42.52	33.69	32.59	20.53	26.64
品牌 D	24.38	31.92	22.64	20.26	44.89	14.85
品牌 E	22.58	27.52	21.11	24.37	0	31.99
品牌 F	43.18	18.76	44.16	23.34	77.78	77.38
品牌 G	26.19	5.54	5.03	29.87	56.25	49.70
品牌 H	22.07	8.99	8.99	19.40	44.14	47.81
品牌 I	37.58	32.65	32.65	42.82	44.14	49.23
品牌 J	29.00	8.59	8.59	34.92	53.86	52.13

将表 4.8 中品牌的总分以及相应的财务数据代入式（4.4）

中，可得品牌试算价值，如表4.9所示。

表4.9 品牌试算价值及其与国际榜单评估价值的比较

单位：万元

品牌名称	BrandZ	WBL	Interbrand	经验价值	试算
品牌 A	4 945 200	10 632 100	3 053 400	8 222 694	5 849 699
品牌 B	3 311 100	2 683 200	359 800	2 989 340	3 841 291
品牌 C	3 164 850	2 337 900	311 100	1 608 540	2 296 840
品牌 D	1 769 950	1 573 800	—	2 021 121	2 804 487
品牌 E	866 450	2 206 100	644 300	3 098 669	2 994 901
品牌 F	1 175 200	10 556 800	1 245 700	1 345 579	2 099 101
品牌 G	603 850	957 900	560 500	941 416	567 666
品牌 H	662 350	1 793 200	—	587 752	890 611
品牌 I	510 900	10 152 200	1 102 400	3 106 619	4 106 109
品牌 J	449 150	2 205 200	592 700	1 140 873	1 393 117

随后，对试算价值与经验价值、各榜单评估结果之间的差异进行了比较：试算价值与经验价值之间的相关系数 $r=0.617$，经过配对样本 t 检验后发现，两列数据之间并不存在显著性差异（$t=0.320$，$p=0.756$）；经配对样本 t 检验后发现，试算结果与 BrandZ 评估结果之间存在显著性差异（$t=2.435$，$p=0.038$），进一步观察分析后，我们发现两组数据在其中两个品牌上表现的差异较大，将这两个极端值随意剔除一个后，显著性差异随即消失；试算结果与 WBL 榜单结果之间并不存在显著性差异（$t=-1.709$，$p=0.122$）；试算结果与 Interbrand 榜单结果之间存在显著性差异（$t=3.712$，$p=$

0.010)。

国际各大流行榜单所采取的测算方法不同,导致同一品牌在不同榜单上的价值结果存在巨大差异。因此,对于上述结果之间的差异性检验,只能提供结果之间的对比,并不能作为分析评价方法优劣性的一个依据。

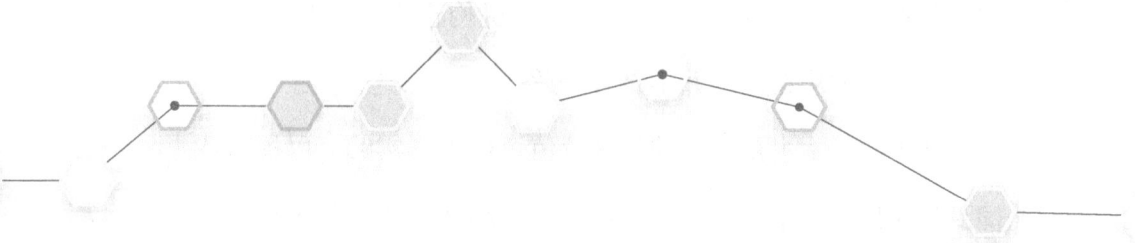

5　总结及展望

5.1　研究结论

本书旨在研究独立采集数据的第三方品牌价值评价方法。通过研究背景简介可以发现，依靠企业申报获取品牌评价数据是制约我国品牌价值评价工作可持续发展的障碍：第一，行业龙头企业申报热情不高，无法获取测算所需数据，导致测算结果中缺失行业龙头的数据；第二，由于编写水平良莠不齐，各企业在申报材料编写过程中出现了数据不准甚至错误的问题，影响了测算结果的准确性；第三，由此发布的价值榜单公信度不高，不容易被社会认可和接受。国外对品牌价值评价问题的研究起步早、成果多，纵观当前从事品牌评价的主流机构，主要集中在欧美等发达国家，并无一例外地采用第三方评价方法，其评价指标的设置并不适合我国当前的国情及市场分布特点，导致其评价结果对我国品牌的严重忽视及错误评估；而国内对品牌价值的研究相对较晚，评价机构也大多照搬国外经验，其评价方法在国内并不具有普适性。

基于此，本书依托当前品牌价值评价工作实践，以提高我国品牌评价技术水平为目标，结合当前品牌价值评价工作中表现出的问题，以国际主流方法为借鉴，研究第三方品牌价值评价方法，为我国品牌价值评价工作的可持续发展及自主品牌建设的深入开展提供理论依据及技术支撑。为此，做了以下工作：

第一，通过对现行第三方评价技术中所采用的指标进行汇总和归类，并对我国现行的品牌评价国家标准涉及的评价指标的可独立获取性进行评估，确定了第三方评价指标的选取原则、范围，并与现行国家标准进行了对接，引入 K-means 算法，将第三方评价指标划分出了核心层和拓展层，对各层级内的指标进行了信效度检验。

第二，在对现行国家标准中指标数据进行可独立获取性研究的同时，对指标数据的获取渠道进行了统计及分析，在第三方评价指标基本明确的前提下，形成了"企业自身数据与第三方机构数据"相结合的数据采集总体方案，针对数据缺失问题设计了相应的缺失值处理方法以及多源数据的同质性处理方案。

第三,《品牌评价 多周期超额收益法》中并未规定具体的权重测算方法。在实际的品牌价值评价时,评价指标的权重作为推荐性附录资料,由专家赋值法确定。本研究在品牌强度计算时,实现了如下两方面的改进:第一,在评价指标不变的情况下,通过引入变异系数,与原有的专家赋值法相结合来确定指标权重,并借用相对偏差矩阵的概念计算品牌正向偏差值,实现了品牌在各项指标之间、在行业内排名地位的横纵向比较;第二,用第三方评价指标取代原有的申报评价指标,实现了品牌强度系数的测算,打破了评价工作过分依赖申报企业的僵局。此外,由于多周期超额收益法在企业亏损时无法计算品牌价值,本书开发和构建了第三方测算模型,利用市值对品牌价值做出了预测曲线,实现了企业亏损时品牌价值的计算。

5.2 对我国品牌价值评价工作的建议

通过上述研究结论的分析,可概括出以下三条建议:

第一,以培育和建设我国优秀自主品牌为目标,促进我国品牌评价工作可持续性发展。

自 2012 年起,我国已连续 10 年在全国范围内开展品牌价值的测算工作，累计评价企业/产品品牌5 000余个，但是申报制的弊端导致当前评价工作的非可持续性，评价结果也不能满足日益增加的"以评促建"的企业的真正需求。基于这一需求，特开展第三方品牌评价方法研究，与申报评价相结合后，不仅可以让企业认识到整个行业内品牌发展的现状，还可以了解品牌价值评价的过程和原理，解决企业从参与评价到价值提升的桥梁问题，使评价结果发挥最大的作用，为政府和企业的品牌价值提升和培育提供更多的支持。

第二，促进多学科在品牌价值评价问题这一研究领域的合作。

如前所述，品牌评价是个较为复杂的系统工程问题，包括评价机构、政府、企业、顾客、投资者等利益相关者在内的、涉及投资人—企业—消费者的复杂关系，因此，该问题是个多学科交叉的研究领域，涉及资产评估学、消费行为学、系统工程学以及计算机仿真等多个学科。因此，从单一学科的视角、采用某一种研究方法对品牌价值评价问题进行研究就显得十分狭隘和片面，在此基础上所得的研究结论的推广性也十分有限。所以，想要解决这一研究困境，唯有相关学科和领域内的研究者进行密切合作和交流，运用多学科知识对该问题进行研究。

第三，借鉴先进经验，完善品牌评价标准体系。

品牌评价标准体系应包括基础标准、评价方法标准、评价实施标准以及培育和管理标准四大类。截至目前，我国已制定并发布了《品牌评价　品牌价值评价要求》等多项国家标准，评价方法方面的标准也略显单薄，因此亟须重点完善现有品牌评价标准体系中有关评价方法类的相关标准。

5.3　研究展望

经过近两年时间的研究，对第三方品牌价值评价的相关理论及技术有了初步的了解，同时也在研究的过程中发现了一些难以规避的问题，并针对这些问题进行了积极的思考与探索：

第一，定量指标必须建立在对指标进行定性研究的基础之上。

本书的最初设想是在品牌强度的测算方面完全采用对采集到的数据定量计算、避免人为打分情况出现的方式。但是，经过前期研究我们发现，想脱离专家参与的评价工作是不切合实际的。由于主动评价时可获取的数据非常有限，定量的评价结果可能会存在一定程度的偏差，这时就需要发挥行业专家的主观能动性，对这种偏差进行校正。这与最初明确指标权重体系计算方法的初衷——减少人的主观影响造成的偏差并不相悖，原因在于纠正偏差只加大了人的能动性。因此，在后续研究中，并不能简单地脱离专家进行纯客观数据的分析，而应该将两种方法进行有机的结合。

第二，进一步的实证检验时，需要增加样本量，扩大样本的代表性。

经过前期的实证研究发现，第三方评价方法较为科学和合理，但是实证研究的样本量较小，试评估中样本量及样本代表性对评价结果的影响较大，即影响评价结论的普适性及推广性。所以，在后期的研究中还需要多渠道、多行业地扩大样本量，增加样本的代表性，为后期研究结论的普适性推广打好基础。

第三，并非每个自主品牌都适用主动评价。

我国经济以及我国国内市场发展的特殊性导致我国品牌的发展轨迹完全不同于欧美品牌。此外，我们还发现，即使同是上市公司，由于各自披露信息的详尽程度不同，第三方机构对每家企业可采集的信息不尽相同或相差甚远。特别是一些行业内的龙头企业并未上市，难以保证可以获取足够的数据信息，开展主动评价。因此，在未来开展品牌价值评价工作中，第三方的独立评价并非对任何品牌都适用，可以与当前申报模式互为补充，促进我国品牌评价工作顺利、深入开展。

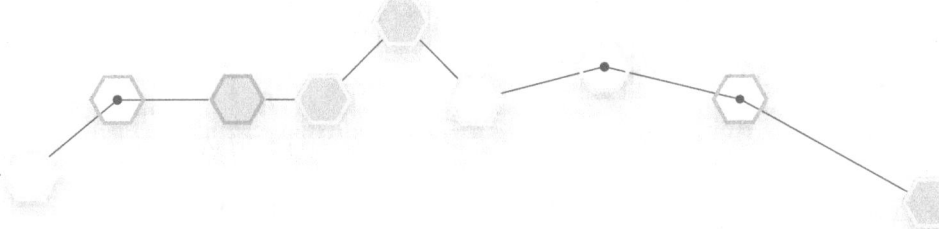

参考文献

[1] 王兴元,孙国翠.品牌忠诚度测度及策略导向模型[J].经济管理·新管理,2005,1(2):57-63.

[2] 王方华,陈洁.品牌基础问题研究评述[J].管理学报,2006,3(5):622-628.

[3] 李永强.品牌识别的动态管理[J].商业研究,2005(21):65-66.

[4] 李东进.消费者搜寻信息努力与影响因素的实证研究:以广告媒体为中心[J].南开管理评论,2000(4):52-59.

[5] 常亚平,姚慧平.电子商务环境下服务补救对顾客忠诚的影响机制研究[J].管理评论,2009,21(11):30-37.

[6] 李东进.关于我国消费者搜寻信息努力的实证研究

[J]. 南开学报, 2001 (2): 30-35.

[7] 井淼, 吕巍, 周颖. 消费者视角的网上购物感知风险影响因素 [J]. 工业工程与管理, 2006 (3): 91-95.

[8] 丁晓光. 消费者低度涉入决策与营销策略 [J]. 江苏商论, 2006 (5): 84-85.

[9] 李国庆, 周庭锐, 陈淑青. 品牌知觉影响下消费者购买行为的分类 [J]. 研究商业现代化, 2006 (5): 187-188.

[10] 金立印. 网络口碑信息对消费者购买决策的影响: 一个实验研究 [J]. 经济管理, 2007, 29 (22): 36-42.

[11] 毕楠, 孙丽辉. 基于产品感知质量的集群品牌影响效应实验研究 [J]. 管理评论, 2009, 21 (5): 52-60.

[12] 厄普肖. 塑造品牌特征 [M]. 戴贤远, 译. 北京: 清华大学出版社, 2001: 32-38.

[13] 阿克. 管理品牌资产 [M]. 奚卫华, 董春海, 译. 北京: 机械工业出版社, 2005: 10-15.

[14] 符国群. Interbrand 品牌评估法评介 [J]. 外国经济与管理, 1999 (11): 37-41.

[15] 王诚军. 加拿大、美国评估业特点及其启示 [J]. 国有资产管理, 2001 (10): 52-55.

[16] 王兴元. 名牌生态系统分析理论及管理策略研究: 基于生态学视角的探索 [M]. 北京: 经济科学出版社, 2007:

1-5.

[17] 阿克. 管理品牌资产 [M]. 吴进操, 常小虹, 译. 北京: 机械工业出版社, 2012: 19.

[18] 何旺兵, 胡正明. 基于顾客视角的品牌资产研究综述及展望 [J]. 企业活力, 2011 (7): 88.

[19] 卢泰宏. 品牌资产评估的模型与方法 [J]. 中山大学学报（社会科学版）, 42 (3): 92.

[20] 范秀成, 冷岩. 品牌价值评估的忠诚因子法 [J]. 科学管理研究, 2000 (5): 50-55.

[21] 霍尔, 利纳斯. 多传感器数据融合手册 [M]. 杨露脊, 耿伯英, 译. 北京: 电子工业出版社, 2008.

[22] 李琦. 基于多源数据的交通状态监测与预测方法研究 [D]. 长春: 吉林大学, 2013.

[23] 杜磊, 王党卫, 姚迪. 多源目标数据融合方法设计与实现 [J]. 科技信息, 2011 (13): 27-28.

[24] 刘长东. 海洋多源数据获取及基于多源数据的海域管理信息系统 [D]. 青岛: 中国海洋大学, 2008.

[25] 杨鹏, 陈静, 侯晓玮. 基于多源数据的城市热岛效应研究 [J]. 气象, 2013, 39 (10): 1304-1313.

[26] 孙丽, 王飞, 李保国, 等. 基于多源数据的武陵山区干旱监测研究 [J]. 农业机械学报, 2014, 45 (1): 246-252.

[27] 巴桑,杨秀海,拉珍.基于多源数据的西藏地区积雪变化趋势分析[J].冰川冻土,2012,34(5):1023-1030.

[28] 窦天芳,姜爱蓉,张成昱,等.WEB环境下多源数据的集成服务:以清华大学新期刊导航为例[J].大学图书馆学报,2010(3):80-84.

[29] 蔺全录,胡春梅.品牌权益及其测评模型研究述评[J].商业时代,2013,6(6):41-43.

[30] 田克录,侯世昌.无形资产的形成探讨[J].科学管理研究,1999(5):51-53.

[31] 吴新辉,袁登华.消费者品牌联想的建立与测量[J].心理科学进展,2009(2):451-459.

[32] 赵丽娟.情感诉求广告对消费者态度的影响[J].山东纺织经济,2011(10):49-51.

[33] 张燚,张锐,刘进平.品牌生态理论与管理方法研究[M].北京:中国经济出版社,2013:38.

[34] 陈洪涌.企业品牌研究[M].北京:中国经济出版社,2007:8.

[35] 傅涛,孙亚民.基于POS的K-means算法及其在网络入侵检测中的应用[J].计算机科学,2011,38(5):54-55.

[36] 黎银环,张健.改进的K-means算法在如今检测中

的应用[J]. 计算机技术与发展, 2013, 23 (1): 165-168.

[37] 王千, 王成, 冯正远, 等. K-means 聚类算法研究综述[J]. 电子设计工程, 2012, 20 (7): 21-24.

[38] 郑美容. K-means 聚类算法分析研究[J]. 信息与电脑, 2012 (7): 108-110.

[39] AAKER D A. Measuring brand equity across products and markets [J]. California management review, 1996, 38 (3): 102-120.

[40] AAKER D A. Leveraging the corporate brand [J]. California management review, 2004, 46 (3): 6-18.

[41] LEWIS B. The concise blackwell encylopedia of management [M]. Malden: Blackwell, 1998: 109-110.

[42] MEYERS-LEVY J, TYBOUT A M. Schema congruity as a basis for product evaluation [J]. Journal of consumer research, 1989 (16): 39-54.

[43] PERACCHIO L, TYBOUT A M. The moderating role of prior knowledge in schema-based product evaluation [J]. Journal of consumer research, 1996 (23): 177-192.

[44] STAYMAN D M, ALDEN D L, SMITH K H. Some effects of schematic processing on consumer expectation and disconfirmation judgements [J]. Journal of consumer research, 1992 (19):

240-255.

[45] KEVIN L K. The effects of corporate branding strategies on brand equity [J]. Advances in consumer research, 1993, 20 (1): 27.

[46] BELENDEL A, VAQUEZ R, IGLESIAS V. The role of the brand name in obtaining differential advantages [J]. Journal of product & brand management, 2001, 10 (7): 452-461.

[47] DESAI K K, KELLER K L. The effects of ingredient branding strategies on host brand extendibility [J]. Journal of marketing, 2002, 66 (1): 73-93.

[48] SRIDHAR G. Consumer involvement in product choice: role of perceived risk [J]. Decision, 2007, 34 (2): 51-66.

[49] MICHAELIDOU N, DIBB S. Consumer involvement: a new perspective [J]. The marketing review, 2008, 8 (1): 83-99.

[50] NIJSSEN E J, UIJL R, BUCKLIN L P. The effect of involvement on brand extension [A]. Paris: Proceedings of the 24th Annual EMAC Conference, 1995: 867-870.

[51] KRUGMAN H E. The measurement of advertising involvement [J]. Public opinion quarterly, 1967, 30 (4): 583-596.

[52] JON D. Brand trust and brand extension acceptance: the relationship [J]. Journal of product & brand management 2005, 14 (1): 4-13.

[53] BIEL A L. How brand image drives brand equity [J]. Journal of advertising research, 1992, (32): 6-12.

[54] HUTTON P. The emerging importance of brand energy in the financial services sector [J]. Journal of financial services marketing, 2005, 9 (4): 307-317.

[55] GOLDFARB A, LU Q, MOORTHY S. Measuring brand value in an equilibrium framework [J]. Marketing science, 2009 (28): 69-86.

[56] ESTEBAN-BRAVO M, LADO N. Brand value in horizontal alliances: The case of Twin-Cars [J]. Journal of the operational research society, 2011 (62): 1533-1542.

[57] ZHANG Y, ZHANG R, LIU J P. Review on sources and its theories of brand value [J]. Forecasting, 2010 (29): 74-80.

[58] Interbrand world's most valuable brand's methodology [EB/OL]. [2022-02-13]. http://www.interbrand.com.

[59] Current practice in brand valuation [EB/OL]. [2022-02-13]. http://www.brandfinance.com.

[60] JONES R. Finding sources of brand value developing a stakeholder model of brand equity [J]. Brand management, 2005, 13 (1): 10-32.

[61] SCHULTZ M, HATCH M J, LARSEN M H, et al. How brands are taking over the corporation [J]. Expressive organization, 2002 (1): 49-65.

[62] KOTLER P, JAIN D, MAESINCEE S. Marketing moves: a new approach to profits growth and renewal [M]. Boston: Boston Harvard Business School Press, 2002: 20-51.

[63] MITCHELL R K, AGLE B R, WOOD D J. Toward a theory of stakeholder identification and salience: defining the principle of who and what really counts [J]. Academy of management review, 1997, 22 (4): 853-886.

[64] HESKETT J L, SASSER W E J, SCHLESINGER L A. The value profit chain treat employees like customers and customers like employees [M]. New York: The Free Press, 2003: 210-214.

[65] KIM H B, KIM W G. The Relationship between brand equity and firms' performance in luxury hotels and chain restaurants [J]. Tourism management, 2005 (26): 549-560.

[66] WANG J F. A research in brand value [J]. Economic

survey, 2004 (1): 120-122.

[67] YOO B, DONTHU N. Developing and validating a multidimensional consumer-based brand equity scale [J]. Journal of business research, 2001 (52): 1-14.

[68] WASHBURN J H, PLANK R E. Measuring brand equity: an evaluation of a consumer-based brand equity scale [J]. Journal of marketing theory and practice, 2002 (10): 46-61.

[69] KELLER K L, LEHMANN D. How do brand create value [J]. Marketing management, 2003 (5-6): 27-31.

[70] SIMONIN B L, RUTH J A. Is a company known by the company it keeps? Assessing the spillover effects of brand alliances on consumer brand attitudes [J]. Journal of marketing research, 1998, 35 (1): 30-42.

[71] ZAICHKOWSKY J L. Measuring the involvement construct [J]. Journal of market research, 1985 (12): 1-7.

[72] LAURENT G, KAPFERER J N. Measuring consumer involvement profiles [J]. Journal of marketing research, 1985, 22 (2): 41-53.

[73] BOLTON L E, WARLOP L, ALBA J W. Consumers perceptions of price (un) fairness [J]. Journal of consumers research, 2003 (29): 474-491.

[74] SHIRAI M. Consumer perception of price premiums [J]. Japan association for consumer studies, 2006 (12): 37-52.

[75] DELVECCHIO D, SMITH D C. Brand extension price premiums: the effect of perceived fit and extension product category risk [J]. Journal of academy of marketing science, 2005, 33 (2): 184-196.

[76] FRANCISCO X A, RICHARD P V. Consumers willingness to pay price premium for environmentally certified wood product in the U.S. [J]. Forest policy and economics, 2007 (9): 1100-1112.

[77] RANDLE D R, ROBERT P L. The theoretica of: separation of brand equity and brand value: managerial implications for strategical planning [J]. Journal of brand management, 2007 (5): 580-395.

[78] DE C L. Brand management through narrowing the gap between brand identity and brand reputation [J]. Journal of marketing management, 1999, 15 (1-3): 157-179.

[79] BRUCKS A Z, GILLIAN N. Price and brand name as indicators of quality dimensions for consumer durables [J]. Academy of marketing science, 2000, 28 (3): 217-222.

[80] SHIV B, ZIV C, DAN A. Placebo effects of marketing

actions: consumers may get what they pay for [J]. Journal of marketing research, 2005, 42 (11): 383-393.

[81] AAKER J, FOURNIER S, BRASEL S. Charting the development of consumer - brand relationship [D]. California: Graduate School Of Business Stanford University, 2001: 12-20.

[82] KAVARATZIS M. Place branding: a review of trends and conceptual models [J]. The marketing review, 2005, 5 (4): 329-342.

[83] CAO F, LIANG J, LI D, et al. A dissimilarity measure for the K - modes clustering algorithm [J]. Knowledge - based systems, 2012 (26): 120-127.

[84] CELEBI M, KINGRAVI H. A comparative study of efficient initialization methods for the K-means clustering algoriyhm [J]. Expert systems with application, 2013, 40 (1): 200-210.

[85] FANG C, JIN W, MA J. K - means algorithms for clustering analysis with frequency sensitive discrepancy metrics [J]. Pattern recognition letters, 2013, 34 (5): 580-586.